U0611662

浦睿文化　出品

趋 势

TREND

300 Suggestions
for the
New Business World.

商业巨变时代的 300 条建议

李翔 著

湖南人民出版社

自序　我学到了什么

从前做杂志，有一个专栏我特别喜欢。专栏的名字是 What I've Learned，直接翻译过来就是"我学到了什么"。这个表达洋溢着一种乐观主义：假如生活欺骗了你，不要忧郁，也不要愤慨，它一定是想告诉你点什么。

我从 2016 年开始写《李翔商业内参》和《李翔知识内参》，职业就是读书、读杂志、读报道，跟人交谈，然后从里面挑选出各种人物的思考，加以缩略和改写，把它们变成一则则现代商业版的"世说新语"。回过头看，尽管每天都满满当当，但经历待我不薄，我从中学到很多，其中既有对商业的思考，也有对人的思考。

有时候我会发现，它们拼起来，就像一套在充满不确定性的、快速变化的当下的行动指南。下面，分享给你其中一些。

1. 大势

脸谱网（Facebook）的 COO 谢丽尔·桑德伯格早年离开华盛顿，想要到硅谷找工作，从政界走向商界。当时谷歌的 CEO 埃里克·施密特面试了她，并且为她提供了一份工作。但是，桑德伯格觉得拿到的职位和 title 并不好，因此有些犹豫。施密特劝她接受这份工作时说："如果你在火箭上得到了一个位置，不要考虑位置好坏，先跳上去再说。"

那是 2001 年的谷歌，接下来的故事很多人都知道。2008 年时，桑德伯格被马克·扎克伯格请到了另一架马上要腾空而起的火箭上，这一次位置好得多：首席运营官。

雷军开始创业时总是讲，人和公司都要顺势而为。没有比这个故事更好地说明了"顺势而为"这四个字。

2. 用户

通讯软件 Line 的创始人森川亮说："一件商品最重要的是质量，但我们不可错误地理解这句话。想提高质量，最关键是要精准地把握用户需求的本质……无论品质有多高、功能有多丰富，如果不是用户需要的，那这些产品就是劣质的，最终只是制造方的自我满足而已。我们决不能为这些东西浪费时间，牺牲速度。"

我学到的最重要的事情之一，正是用户思维。

很多时候我们陶醉于"工匠精神"，却忽略了"用户"。

甚至在处理个人关系时，这种思维同样适用。转换一下表达方式就是：做对方认为好的事情，而不要做你认为会对对方好的事情。

3. 速度

作家乔舒亚·雷默说："无法实现速度自由的人和机构，将与未来失之交臂。快的人和慢的之间不存在平等。"

在中国甚至会更快。黑石集团董事局主席苏世民说："生活在中国是很有挑战的，因为中国发生的变化太多。中国有很多让人取得成功的机会，因为没什么是一成不变的。世界其他地方的生活没有这种快节奏的变化，而在中国这却稀松平常。这是中国独特的竞争优势，你们甚至都没有意识到，因为你们就生活在这个国家。"

对速度的强调已经变成了陈词滥调，但是需要再强调一下：必须把快当作现实来接受。接受了之后，它就变成了你的优势。

4. 拒绝

曼联传奇教练亚力克斯·弗格森说"有些人就是

比别人更善于不去理睬世界上的其他东西，那意味着他们有更多的时间发掘他们的天赋，或者提高他们的团队"；"我还没碰到过哪个取得巨大成功的人，没有把自己封闭于其他人的需求之外，并且放弃消遣"。

另一句话来自柳传志："诚信不光是一种态度和意愿，也包含着能力。有意愿却屡屡达不到效果，一样是不诚信。"

经常有人来找柳传志，说，老柳，这件事情你一来肯定就成了。柳传志回答说："我之所以能做成，就是因为我不都做。你要是答应什么都做，就会变成什么都做不到。"

想象一下雕塑：雕塑家去掉的那些东西，决定了雕塑最终的样子。换一个角度，人和公司由那些他们选择不做的事情定义。

5. 执行

成功的连续创业者凯文·瑞恩说："一个想法本身往往很难有足够的吸引力，关键看你如何实现它。想法显然也重要，但不如执行那么重要。想法会调整、演变，这其实也是执行的一部分。"

我很喜欢管理大师彼得·德鲁克的一句话："人们喜欢说意志可以移山，但其实只有推土机可以。"

行动的力量常常被低估，正如想法的力量常常被高估。

6. 变化

百度COO陆奇说"人生不是线性的，不要以为一班车就能把你从现在的位置带到你期望的位置"；"尽可能远离舒适区。因为一旦如此，你就可能陷入极度危险的状态"。此话不假。

历史学家尤瓦尔·赫拉利说过一句更吓人的话："21世纪没有稳定这回事。如果你想要有稳定的身份、稳定的工作、稳定的价值观，那你就落伍了。"

其实，人和公司的成长过程，无外乎接受变化和不确定性，努力从中获益，而不是破碎后无法重建。

7. 批评

马克·扎克伯格说，每个系统都不完美，都会有缺陷，"与其批评这些缺陷，倒不如努力打造一个框架（来解决问题）来得更加实际。指出缺陷并没有错，但不能因此否定系统，不仅仅是脸谱网，对任何其他公司和系统都应如此。你的特定行为和选择让你走到今天，但周遭世界不断发展变化，你需要去适应"。

我们可以把批评分为宣泄式的批评和建设性的批评。如果想要把事情变好，宣泄显然于事无补。

8. 从众

游戏公司 Supercell 的 CEO 埃卡·潘纳宁说："游戏公司最常犯的错误之一，是过分关注其他公司在做些什么。如果你开始思考别人在做什么，你就很容易成为一个跟随者而非领导者。试图成为他人很难成功。"

其实何止是游戏公司。沃伦·巴菲特在致股东信中说："传统的'其他人都在做，所以我们也必须做'的观点，在任何行业都造成了麻烦。"

迈克尔·刘易斯在《大空头》里写了几个天才交易员通过做空美国房地产乃至美国经济、在 2008 年金融危机中大赚一笔的故事。他们的共同点是什么？都不是华尔街主流投资人。因此，他们得以对华尔街"只要音乐没有停止，就必须跳舞"的狂热免疫。

9. 乐观

比尔·盖茨说他的世界观的核心是世界正在变好。"当你告诉人们这个世界正在进步的时候，他们或许会看着你，觉得你要么很天真，要么就是疯了。但这是真的。一旦你明白了这个道理，你就会开始用不一样的眼光来看这个世界。如果你发现事情变得越来越好，你就会想知道是什么工作起了作用，继而你就可以加速改善这个世界，并把它传递给更多的人、传递到更多的地方。"

有句话说得好，悲观者总是正确，但乐观者才能成功。如果你想要证明自己的悲观，你可以搜罗出很多证据，互联网可以帮助你；但如果你想要改变点什么，那最好先保持乐观。

以上是我学到的一些东西，书中还有更多，希望对你也有帮助。

最后，感谢《李翔商业内参》刚刚出品时，马云、雷军、柳传志、陈可辛、李开复等前辈的信任与推荐；感谢最初和我一起做这个产品的两个同事童亮和杨蕾；也要感谢罗振宇、脱不花和得到 App 的很多同事，在 2016 年，他们把我拉上了移动互联网。

李翔

2018 年 1 月 7 日

目 录

I

人类又恢复了
史前时代的聊天习惯

001

人类又恢复了史前时代的聊天习惯

Instagram的CEO凯文·斯特罗姆接受《华尔街日报》采访时说,从某方面来讲,人类又恢复了史前时代的习惯。"回溯一下你会发现,人们最初的交流媒介就是洞穴里的象形文字和壁画。如今,我们都会在(线上)聊天中使用emoji表情符号,不停地拍、发照片。"

002

语言文字正在从精英创造时代进入大众智慧时代

《咬文嚼字》杂志社发布的"2017年十大流行语"包括不忘初心、砥砺奋进、共享、有温度、流量、可能XXX假XXX、油腻、尬、怼、打call，而"2016年十大流行语"分别是洪荒之力、吃瓜群众、工匠精神、小目标、一言不合就XXX、友谊的小船说翻就翻、供给侧、葛优躺、套路、蓝瘦香菇。执行主编黄安靖说，"其中有很多来自网络或由网络赋予了新的涵义，网络已经影响到语言生活的方方面面，我们从中甚至能发现语言文字正在从精英创造时代进入大众智慧时代"。

003

在屏幕另一端有上千人，
他们的任务就是击垮你的自制力

有研究显示，智能手机用户平均每天使用 150 次手机。谷歌前设计伦理学家特里斯坦·哈里斯说，在注意力经济背景下，使用手机上瘾不能全怪用户，因为不少手机应用和网站在设计之初就以尽可能吸引用户点击浏览为目标。哈里斯对《大西洋月刊》说："使用数码产品时你有责任克制自己，但你没有意识到在屏幕另一端有上千人，他们的任务就是击垮你的自制力。"企业通过软件引导用户养成符合它意愿的行为习惯，这被称作"行为设计"。脸谱网、推特（Twitter）和 Instagram 推出的随机奖励机制"绑架"了我们的注意力，因为不知何时会有人留言、分享照片、点赞，我们不由自主地一遍又一遍刷新页面，"这就像一个'不见底的碗'，引诱大家暴饮暴食"。哈里斯说，好的技术应能帮人们设定边界，比如在电子邮箱里设置自己计划花费的时间，一旦超时，电子邮箱会自动提醒；尊重人的技术应能让人们控制自己的关系网，断网了也不会产生焦虑情绪。

004

技术让我们忘记了我们所知道的生活

麻省理工学院教授雪利·特克尔在新书《重新回到谈话中》（*Reclaiming Conversation*）中说，把自己的全部注意力放在各种电子设备上的年轻人，无法发展出完全独立的自我。随时在线的状态，让年轻人没有机会学习如何独处，这让他们失去了建立同理心的能力。"让我们得以与他人建立联系的是我们独处的能力，有了这种能力，我们才能将人们视为不同的、独立的个体。"沉迷社交媒体和虚拟世界的人，会产生"我分享故我在"的感觉，不断在线上塑造自己的身份，"连续不断的'数字活动'令年轻人体验不到独处可以给他们带来的满足感，而只会感到'离线焦虑'（disconnection anxiety）"。数字媒体让人们处于"舒适区"之中，人们认为自己可以"恰到好处"地表达自己的情感。但是这种控制感是一种幻觉，一种"恰到好处的谬误"（goldilocks fallacy），"技术让我们忘记了我们所知道的生活"。

005

在网上永远找得到答案，
但答案未必正确

《滚石》杂志的记者问作家斯蒂芬·金："你认为互联网对人类是好是坏？"金说："它是种推力（It's a push）。人们获得了迅速搜索的能力，你不用去翻书了，搞不好你连需要的书都找不到。在网上，你永远找得到答案。答案未必是正确的，但一定找得到。互联网如今已是所有人的知识支柱，你禁不住会想，这个支柱也许某天会倒塌。我就想了很久。我觉得人们总有一天会发现自己很无助。"

006

我们生来不是为了头上戴着一个电子装备坐在一间黑屋子里

增强现实（AR）公司 Niantic 专门探索手机应用、现实场所和娱乐之间的交集。在《精灵宝可梦 GO》之前，它曾推出一款同样基于地图定位的游戏 Ingress，在这个游戏里，当你想攻击 10 公里外的目标，必须自己移动 10 公里才行。Niantic 公司的 CEO 约翰·汉克在接受《金融时报》采访时说，人们可以从中获得走向户外的乐趣。汉克希望人们能离开电脑屏幕，更多地锻炼，就像玩家们围绕虚拟地图追逐妖怪精灵一样。汉克说："我认为，我们生来不是为了头上戴着一个电子装备坐在一间黑屋子里，我更喜欢到户外去，建立真实的社会联系。"

"参与度毒品"和"过滤器泡沫"

在一篇反思美国大选中社交网络假新闻的报道中,《金融时报》引用全球最大广告公司 WPP 的 CEO 苏铭天爵士的话说:"新媒体或社交媒体公司并非科技公司,而是媒体公司,它们应对自家数字渠道的内容负责。"但是,互联网平台遵循的商业规则并不鼓励它们承担这些责任。因为在这些平台上,"内容往往是实现目的的手段,目的正是更多分享、更多连接"。比如,脸谱网的工程师们关注的是提高"参与度":点击、点赞、评论、分享。"参与度就像毒品。"脸谱网的一名前经理说。与之相伴的还有"过滤器泡沫",也就是用户看到的全都是跟自己持有相似观点的内容。"参与度毒品"与"过滤器泡沫"互相增强,因为人们本来就愿意分享那些激起他们情绪反应的消息。他们在分享和点赞时,不会去调查自己看到的内容是否是真的。而能够激发人们情绪反应的内容,显然又会提高参与度的各种指标,因此成为平台的最爱。

008

假新闻正在屠杀人们的大脑

接受英国《每日电讯报》采访时，苹果CEO蒂姆·库克抨击了假新闻现象，说一些人千方百计地想要获取点击量，这推动了假新闻在互联网上的泛滥。"在目前阶段，很不幸，获得成功的是吸引最多点击的人，而不是陈述真相的人。这种行为从某种意义上来说，是在屠杀我们的大脑（killing our minds）"。蒂姆·库克提出的应对方法是：科技公司需要开发出某种工具，以减少假新闻数量；针对学生开设数字时代的课程；掀起一场类似于环保运动那样的反对虚假新闻的公众运动。

009

在谣言比真相传播得快的时候，批判性思维比过去任何一个时候都更重要

2016 年 12 月，爱德华·斯诺登在推特直播软件上同推特的 CEO 杰克·多西说："抵御假新闻和谣言的最好办法不是审查制度，而是让更多的人获得说话的权力去说真话。我们需要确认我们对于谎言和谣言的抵抗不是依赖于'裁判'（指政府审查制度），而是我们作为公民彼此之间的互相帮助，我们谈论、分享消息，以及彼此指出什么是真的，什么是假的……在谣言比真相传播得快的时候，批判性思维比过去任何一个时候都更重要。"包括杰克·多西在内的人一直在为斯诺登争取美国政府的特赦。斯诺登自从"棱镜门事件"（曝光美国政府官员监控活动的机密文件）后，一直未能返回美国。

010

我们进入了一个新的不可知时代

网络科学家塞缪尔·阿贝斯曼说，科技正在成为人类难以把控的东西，它改善了我们的生活，同时也使世界变得越来越难以理解。"但这种复杂被直观的用户操作界面掩盖了，以至于问题出现之前，人们根本不会想到它。""不断增多的情况是，专家也不能完全理解自己的系统，而这些系统是他们日常工作的基础，或者就是由他们开发设计的。"阿贝斯曼说，我们进入了一个新的不可知时代。"技术越来越像自然界的生态系统，而不是人类设计的清晰的、基于规则的系统。"他认为，人类可以采取两种方式来应对由复杂系统管理的复杂世界：一是尽快开发出与人类思维相似的技术，比如让编程语言更接近人类语言，从而减少程序员犯错的次数；二是接受复杂技术走向成熟必须经过逐次迭代的事实，这个过程无法越过，需要不停地改进，允许有犯错的空间。

011

技术的反咬

《金融时报》副主编约翰·桑希尔说，很多新技术产生了让人意想不到而且往往不利的后果，即"反咬"。"内燃机让交通实现了革命，但它也对环境造成了严重损害；石棉一度被吹嘘为一种神奇的材料，但过去 20 年，我们花费了数十亿美元将其从建筑中拆除。最新的技术，像基因编辑和人工智能潜在的反咬风险更令人害怕。"桑希尔认为，为了确保技术产生良好结果，而不是"反咬"，"首先私营部门必须拥抱政府公共部门，认识到大家有着共同的目标；其次，政府公共部门需要调整自己，理解并迎接新技术所带来的挑战（我们需要公共机构帮助保证新技术的良性利用，还需要它们履行法律，确保政府自己不滥用这些技术）；最后，我们可能需要重新制定治理社会的隐性社会契约，重新定义政府提供的商品和服务"。

012

技术会逐渐映照出技术设计者的价值体系和文化

"今日头条"创始人张一鸣接受《财经》杂志采访时说："我有自己的观点，但我不会强加自己的观点给'今日头条'。我是我，产品是产品。"他把"今日头条"同邮局做比较：即使邮局不同意一份报纸的价值观，也不能拒绝发行这份报纸。"豌豆荚"创始人王俊煜在问答社区知乎上把这个问题归结为"技术有没有价值观"。他说："技术，以及在技术之上运行的那台机器，确实是冷冰冰的……（但）我们创造了一项技术，是为了改变点什么……一项技术，可能有不同的用途，但总有一些用途是我们创造的时候脑子里所设想的，这就是我们的目的。而我们的目的体现了我们的价值观。"他引用人工智能公司 DeepMind 的 CEO、人工智能围棋程序 AlphaGo 之父德米斯·哈萨比斯接受《卫报》采访时的话："技术本身是中立的，但它是个学习系统，所以技术会逐渐映照出技术设计者的价值体系和文化。因此我们必须很谨慎地考虑价值观这回事。"

013

技术永远具有不确定性，
问题的关键是让技术为我们服务

《人类简史》与《未来简史》作者尤瓦尔·赫拉利接受价值中国网采访时说，技术永远具有不确定性，问题的关键是让技术为我们服务。他认为人们可以从以下几个方面做起：第一，建立真正的全球认同（"所有的主要问题都是全球性的，为了成功应对这些挑战，我们需要全球合作"）；第二，保护本土社群（"数十万年来，人类适应了生活在不超过几十人的小型亲密社群中，任何国家、公司或网络社群都不能取代这种社群，没有它们，我们将感到孤独和疏离。只有为本土社群留出空间并提供支持，全球认同才能发挥作用"）；第三，重视身体（技术让人们沉迷于智能手机和电脑，失去了关注嗅觉、触觉和味觉的能力，对在网络空间或世界另一端发生的事情比对身边发生的事情更感兴趣，"在我们使用生物工程升级我们的身体之前，我们首先需要重新接触它们"）；第四，更好地理解思想（"它是我们所有愿望以及所有问题的根源。近几十年来，我们在理解人类大脑方面取得了巨大进步，但是我们在理解思想方面的进展却很慢"）。

014

这个时代，也许这些送盒饭的企业才是真正伟大的企业

"美国科技公司都在做改变世界的事，中国科技公司都在送盒饭。"这个段子被链家创始人左晖看到了，这让他思考："中国这一代的企业，我们的宿命或者说我们的使命到底是什么？"他的答案与众不同："这个时代，也许这些送盒饭的企业才是真正伟大的企业。中国消费者在基础商品和服务的体验获得上是缺失的。中国应该有一批企业在这些领域里有所作为，让中国人的整体生活质量有一个基本保障。我们这一代的企业，如果能在这些事情上有所作为，就很了不起。这是这代人必须做的事情。"

015

科技并不会随着时间自己变好，
只有当聪明人付出疯狂的努力时才会

伊隆·马斯克在接受知名孵化器公司 YC 的总裁山姆·阿特曼采访时说，只要你做的是对社会有用的事情就可以，不一定非得改变世界。无论是对少数人产生了很大的影响，还是对很多人产生了很小的影响，都不错。"科技并不会随着时间自己变好，只有当聪明人付出疯狂的努力时才会。"伊隆·马斯克说。正是这种想法激励他创办了太空探索科技公司 SpaceX，虽然他认为该公司的成功概率不到 10%。"如果目标是实现可控风险下的最好回报，那开一家公司本来就是一个精神失常的决定。好在那不是我的目标……我也总会感到强烈的害怕，只是有些时候，你会觉得有些事情太重要了，哪怕害怕也必须做。"

016

会有一个临界点：
变得更聪明不会再有帮助

人工智能专家、谷歌研究总监彼得·诺维格在接受《卫报》采访时说："智能可以帮助你解决更难的问题，但是有些问题是抵抗智能的。总有一天你会到达这样一个临界点：变得更聪明不会有任何帮助。许多问题都是这样。"彼得·诺维格曾经和凯文·凯利讨论过人们是不是过分高估了智力的价值。凯文·凯利将这种观点称为唯智力主义（intelligentism，把智力视为唯一重要特性的一种偏见）。"我们（人类）认为智力是重要的，但如果我们是大象，或许我们会希望得到超级力量；如果我们是猎豹，会希望获得超级速度。有些社会问题很难，因为它们就是很难，不是我们足够聪明就可以解决的。"诺维格说。

017

懒惰是预测未来发展趋势的最佳方式

游戏引擎 Unity 的用户体验设计师格雷格·麦迪森对《快公司》杂志说，懒惰是预测未来发展趋势的最佳方式。"鼠标和键盘 30 多年未被取代，正是因为我们能够（用它们）以最小的气力完成大量的工作。"因此他有一个设计原则："永远不设计需要双手并用的虚拟界面。"格雷格说，用 Wii（任天堂公司开发的家用游戏主机）玩保龄球跟在保龄球馆打保龄球的不同是，用 Wii，你可以靠在沙发上转动手腕发球。"这种做法打破了我们对打保龄球的幻想，却正是我们在虚拟保龄球场中所渴望的简化姿势，而且永远不需要放下手中的啤酒。"

018

整个世界都会电子化

量子基金创始人之一吉姆·罗杰斯接受播客网站 Macro Voices 采访时说："全世界正在发动一场消灭现金的战争，如果你买一杯咖啡，他们知道你喝了多少，在哪里买的。如果所有交易都电子化了，那么整个世界都会电子化。我的孩子成年后可能不用去银行，也不用去邮局，甚至不用去医院或很少去医院。当整个电子化系统完成时，我们生活的世界将完全不同于当前。"

019

如果今天是数字时代，
那么明天将是认知时代

IBM 的 CEO 罗睿兰在《华尔街日报》上发表文章说，如果亲自参与到机器智能的科学研究中，你就会发现"自动化机器会反噬人类，摧毁我们"是个错误的观念。每天，全世界产生大量的数据，其中 80% 是传统计算机没办法处理的，传统计算机"可以捕捉信息，但无法理解信息的意义"，"认知系统则可以做到这一点"。"认知系统并不是自动化的，也不带情感，这代表了一类新的智能，但与人工无关。它们强化了我们的理解能力，帮助我们更好地了解复杂的世界中发生了什么。""一切都被数字化之后，赢家将会是能以最佳方式利用数据的公司和产品……数据是我们当前时代最重要的自然资源，而认知系统是从大量、多样化、快速变化的数据中发掘价值的唯一途径。如果今天是数字时代，那么明天就将是认知时代。"认知系统能接收各种形式的非结构化数据，具有理解、推理和学习三项重要的特质。IBM 的沃森（Waston）是全球首个认知系统。

020

未来汽车 80% 的功能跟交通没关系，
正如今天手机 80% 的功能跟打电话没关

在阿里巴巴同上汽集团联合发布的互联网汽车的活动上，
马云说："过去的二三十年，人变成了机器，我们希望未来
的二三十年能够把机器变成人，为机器加入智慧，让汽车
变得更加智能。汽车一定会成为人最重要的合作伙伴。今
天的手机因为加入操作系统，80% 的功能跟打电话、通信
没有关系。未来的汽车加入操作系统以后，80% 的功能跟
交通应该没关系。"

汽车生态需要的三种数据：
技术、社交、个人

英特尔 CEO 布莱恩·科兹安尼克在洛杉矶车展上说，数据就是新的石油。"有足够多的数据，你的车才能处理复杂的路况，否则它将无法继续行驶。"他把汽车生态系统需要的数据分成三种："第一是技术数据，来自汽车自身的传感器，谁拥有这些数据，谁就能开发出最好的人工智能工具，包括机器学习、深度算法和数据分析；第二是社交数据，来自周围的交通状况和路线规划，谁拥有最多这样的数据，谁就能开发出最佳（驾驶）应用；第三是个人数据，来自乘客和司机的个人喜好，谁拥有最多这样的数据，谁就能开发并提供最好的用户体验。"只采集数据也不够，科兹安尼克认为，未来汽车生态系统需要解决数据方面的三大挑战：数据集的规模、数据处理能力和安全性。

022

40% 的欧美企业将不复存在，
65% 的工作将闻所未闻

思科（Cisco）董事会主席约翰·钱伯斯在 IMF（国际货币基金组织）年会上说，到 2020 年，全球会有超过 1/3 的工作是以技术为核心的，"但是我们的教育体系似乎并没有为此做好准备"。"这将造成全球 4000 万高级技工和 4500 万中级技工的缺口。更可怕的是，今天还在读小学的孩子，当他们毕业工作时，会发现 65% 的工作是今天还没出现的。"他还预测未来 10 年，"欧美企业中将会有超过 40% 不复存在，原因是像优步（Uber）、爱彼迎（Airbnb）和亚马逊（Amazon）这样的公司改变了传统的商业形态"。"而这种新型的商业模式又将渗透到各行各业中，包括汽车和金融。"

传统的蓝领跟白领阶层的概念
可能被颠覆

在接受台湾《天下》杂志采访时，微软亚洲研究院院长洪小文说，在未来，"传统蓝领跟白领阶层的概念可能被颠覆"。传统的在办公室照章办事的白领，很有可能被人工智能取代。"蓝领生产者其实很难被取代，因为最好的东西是手工做出来的不论是做菜还是裁缝。"凡是需要重复做的和大量制造的，都会被自动化，而个性化的东西则很难被取代。洪小文的导师是图灵奖得主拉吉·瑞迪，瑞迪的导师是人工智能之父约翰·麦卡锡。

024

只有两个行业能穿越经济低谷期

明势资本创始合伙人黄明明在"黑马学吧"的活动上说，中国经济会在相当长一段时间内进入下行周期，互联网的人口红利和技术红利也即将消失殆尽，只有两个行业可能穿越经济低谷期：颠覆式的创新型科技和技术、医疗大健康行业。而更多依赖人力的行业会在未来 5 ~ 10 年出现颠覆性变化，"律师和码农可能在未来 5 ~ 10 年被人工智能替代"。

移动时代的三大机会：
视频、家庭应用和垂直行业

华为副董事长、轮值 CEO 胡厚崑 2016 年 11 月 24 日在东京的全球移动宽带论坛上说，现在我们正处在移动应用时代，"未来所有服务都将通过移动应用交付"。"'移动化'对所有人来说都是非常大的机会。"他认为移动时代的三大机会是：视频、家庭应用和垂直行业。视频已经占到网络流量的 60% 以上，胡厚崑预计，到 2020 年，视频的市场规模会达到 7000 亿美元，并认为"要首先从内容聚合做起，然后可以努力提升网络性能，并与内容提供商一起探索新的商业模式"。在家庭方面，全球约 20 亿家庭中，有13 亿没有宽带连接，3 亿连接速度低于 10 兆 / 秒。这 16亿家庭会是无线宽带的蓝海市场。最后，全球垂直行业的数字化转型，也会带来大量新机会。

026

我们会离"理想的企业形态"的观念越来越远

凯文·凯利接受新浪科技采访时说："新的经济形态就是业务模式的多元化。像夫妻店这样的经营模式可能未来一百年都会继续存在；一两个人做咨询业务也会继续存在；也会有公司经营完全虚拟的业务，不与用户面对面接触，什么事情都是远程操作；还会有公司就像住在一栋楼里的一家人一样。我们会看到多种不同的企业形态。这其实是件好事，因为对特殊的垂直领域、特殊的行业、特殊的项目来说，有多种特殊的企业形态与之对应是非常必要的事情。所以我觉得我们会离'理想的企业形态'的观念越来越远，反而会迎接一个用多种不同种类（形态）来满足需求的时代。"

027

超级摩尔定律的创新时代正在到来

英伟达（Nvidia）CEO 黄仁勋接受科技网站 VentureBeat
采访时说，人工智能能力的提升速度将会超越摩尔定律，
"这是一种超级摩尔定律现象"。未来人们会拥有各种各样
的 AI（人工智能），这些 AI 会被嵌入各种软件，它们具备
持续学习的能力，而大规模网络会放大这种学习能力并加
快它们的学习速度。"今天，我们发布一个新的软件包后，
会不断修正 bug，然后每年进行一次更新，这种节奏将会
被改变，软件将能够更快地从经验中学习。一旦一台设备
中的一个智能软件学到了一些东西，整个主板都能对它学
到的东西进行下载和更新，一瞬间，整台设备都变得智能
了。这就是所谓的"空中编程"（over the air, OTA）。超
级摩尔定律的创新时代正在到来，"黄仁勋说，"实际上，
我都不需要看科幻小说，因为当下我就处在科幻小说之中，
我们是一家几乎引领科幻小说发展潮流的公司，决定了科

幻小说会描写什么。虚拟现实和我们做的所有关于 AI、机器人的工作，都更加接近把科幻小说变成现实。"英伟达的核心业务依旧是传统 PC（个人电脑）市场的图形芯片（独立显卡），但涉及 AI 相关领域或与 AI 密切相关的业务占到了其总营收的 1/10。英伟达的 GPU 系统是一个领先的人工智能技术深度学习平台。

028

美国擅长创造新的技术和理念，
中国擅长开发好的产品

百度首席科学家吴恩达在离职信中说，百度的人工智能团队已经接近 1300 人。百度人工智能技术主要用于两个方面：一是支持已有业务，如搜索、广告、地图、外卖等，"提升产品，拉动收入"；二是开拓新业务，如无人驾驶和语音交互计算平台，正在孵化的项目还包括人脸识别和医疗领域人工智能对话交互机器人。吴恩达说，中美人工智能领域的差别在于："美国擅长创造新的技术和理念，而中国擅于将人工智能技术用于开发出好的产品。"

029

人工智能正在吃掉软件行业

英伟达 CEO 黄仁勋接受科技媒体 TechCrunch 采访时说：
"人工智能正在吃掉软件行业。AI 就是做软件的现代方式。
将来，不会持续学习、感知和推理，不能规划行为并在用
户使用过程中持续改进的软件将被淘汰。现在，几乎每个
创业公司，或者大公司都在自己开发软件；同样，未来每
个创业公司都会用上 AI。"黄仁勋认为这种趋势不会被限
制在以云服务为基础、数据量庞大的行业："以前有些东西
是不需要计算能力的，比如说空调，但现在可以为它们加
上这种能力。未来几乎每个电子设备都会带有某种深度学
习推断能力，我们称之为边缘 AI 。最终将会有几万亿个设
备，从麦克风到摄像头，甚至每家每户的房子都会具备深
度学习能力。"

030

机器人改写资本报酬递减规律

中国社会科学院副院长、知名人口学者蔡昉在演讲中说："它（机器人）改写了经济学中的一个最基本假设——资本报酬递减。有了机器人或许就没有资本报酬递减，因此，它对人的替代可能会发生得非常快，超乎我们的预料。"他也提到，从 2011 年开始，中国劳动年龄人口（15 岁至 59 岁）已经进入负增长，而经济活动人口（16 岁以上实际参加或应参加经济活动的人口）从 2018 年开始将会进入负增长。

031

对于大多数人而言，
计算机已经接管了他们的世界

计算机科学家、图灵奖获得者艾伦·凯认为，人工智能的设计者应该努力创造像同事一样的程序，而非像奴隶一样的程序。设计的目标应该是创建一个如乐队成员一般的程序，而不是一个仆人。"有人问我，计算机会接管世界吗？其实对大多数人来说，计算机已经接管了他们的世界。因为他们正以各种各样的形式将权力让渡给计算机。"老牌风险投资家、KPCB 合伙人兰迪·科米萨也在一次分享中说："我意识到，人们都渴望拥有一个能告诉他们应该做什么的智能，他们应该吃什么东西，和哪些人会面，参加哪些聚会，如何发展亲密关系，如何塑造自己的个性，如何开发创造力和天性。年轻人突然渴望放弃这些责任，把它们都交给云端的人工智能去搞定。"

警惕那些只是展现人工智能潜力
却不维护工人尊严的"小把戏"

微软 CEO 萨提亚·纳德拉 2017 年 1 月 17 日在慕尼黑 DLD 科技大会上说，人工智能不应该取代人类的工作，而应该帮助人们开展工作。"每个人的根本需求是提高自己的时间利用效率，而不是说'请来取代我'。我们都应该警惕那些只是展现人工智能潜力却不维护工人尊严的'小把戏'。"他说，"自大和自信之间仅有一线之隔，傲慢卷土重来，错失科技潮流的风险永远存在。衡量成功与失败的唯一长期指标是'公司内部文化有多棒'。"纳德拉说，在担任 CEO 的三年里，自己学到的"不是如何庆祝某一款产品的成功，而是掌握公司能否长盛不衰的迹象"。

033

有用的东西不一定要像人，
明确它要做什么、不能做什么就可以了

谷歌研究总监彼得·诺维格对《福布斯》杂志说："提供有用的东西，解决具体的、困难的问题。不要被机器终将变得和人类一样这种不实际的期望带偏了路。传播有效的实践知识，以及改进机器在不确定情况下做决定的能力。注重增强人类智力并开发出人机团队合作的艺术。这就是'人工智能'的全部。"在他看来，人工智能每年以30%的速度增长固然是好事，但也会带来一些偏离目标的炒作。他说："我没看出这个世界会出现奇点，我们的观点是这个世界是复杂的，变得更聪明并不能解决很多世界问题；而且，更重要的是，有些有用的东西不一定要像人，明确它要做什么、不能做什么就可以了。"

034

讲故事的能力会越来越重要

美国大数据公司 Lattice Engines 的 CEO 沙希·乌帕德亚伊说，再过十年，机器也理解不了讲故事的艺术，这种缺陷将阻碍人工智能进化。讲故事是人类的特长所在。"从营销到医学、法律、城市规划，很多职业都要求员工能够理解故事，拥有同情心。如果不能理解人类故事，包括人们的问题、恐惧和成功，即使最专业的人也无法成功完成他们的工作，无法产生长时间的影响力。"

035

互联网媒体表现出的更多是渠道价值，而非内容

新浪和微博两家公司的董事长曹国伟接受资深媒体人秦朔采访时，谈到了互联网媒体的演进历史：门户是聚合，是传统媒体和互联网的嫁接；博客时代实现了用户创造内容，但传播要靠网站推荐和搜索；微博出现之后，才进入"真正的新媒体时代"，用户既可以发布内容，又可以通过社交关系传播内容。曹国伟说："互联网媒体需要考虑的最核心的问题不是内容。微信也好，微博也好，今日头条也好，实际都不是自己做内容，本质上是通过产品把用户吸引过来，通过用户的聚集产生内容传播的渠道。互联网媒体公司表现出来的更多是渠道价值。"早年的门户网站只是把传统内容搬到网上，不是新媒体。真正的新媒体是像微博、微信、今日头条这种，通过个性化推荐分发或者社交关系形成传播。"这一类媒体的共同特点，是可以通过规模和算法不断提升信息和内容的获取和传播效率。"

传统时代创造品牌，
互联网时代创造平台

海尔集团董事局主席张瑞敏对互联网时代组织的理解是："互联网（时代）的企业一定要变成网络化企业，简单来说，企业不应该是传统时代的以自我为中心的组织，而要变成互联网的一个节点。企业就像一台电脑，如果接入互联网（就能）无所不能，如果不能接入互联网（将）一事无成。"他认为传统时代公司的核心竞争力是品牌，而在互联网时代则是平台。"传统时代，简单地说，创造的是品牌：企业要么拥有品牌，要么给品牌打工。互联网时代要么拥有平台，要么被平台拥有。现在我们有很多企业已经被电商拥有了，没有自我。"

037

数学企业和遗产企业

美国第二大运动服饰公司安德玛（Under Armour）的CEO 凯文·普朗克对《快公司》说，自己不是在经营一家服饰公司，安德玛是一家"数学企业"（math house）。"数学企业利用数据缩短品牌与消费者之间的距离。假如一家企业跟不上数学企业的发展步伐，那它就是所谓的遗产企业（legacy company，意为守旧过时，编者注）。"安德玛投入 7.1 亿美元收购了三款健身应用，自主开发可穿戴腕带、心率监视器和电子秤，研究 1.6 亿多注册用户的行为。

传统行业像登山，互联网行业像冲浪

今日资本创始合伙人徐新对《财新》杂志说："风险投资靠红利，所有成功的公司都是靠品类红利在推动。"按照她的总结，中国的风险投资机构已经经历并且享受了至少四轮红利：第一次是游戏，出现了腾讯和网易这样的公司；接下来是视频，出现了优酷土豆、爱奇艺；然后是电商，有阿里、京东和唯品会；最后是互联网相关服务，如赶集、美团、大众点评。"传统行业就像登山，一直往上走，你肯定能登上山顶的。互联网行业则像冲浪，你第一批没赶上就不是你的浪，你得等下一波浪。短视频可能会是下一波浪，但不一定是大浪。"徐新投资过的项目包括网易、京东、土豆和赶集，恰好对应着她所说的四轮红利机会。

039

敬畏非互联网能力

阿里巴巴移动事业群总裁俞永福在 2016（第十五届）中国互联网大会的演讲中说，尽管他一直在做互联网，但非常非常敬畏非互联网能力。"互联网本身是一种能力，一种思考，一种方法，能够保证我们比原来的做法跑得更快，但实际上它是定语，不是主语。"他说，自己现在不怎么开特斯拉，原因是他发现这款车"互联网部分都够，但最大的用户体验需要的是汽车的那部分，（特斯拉）要走的路还很远"。因此，在跨界融合的年代，"传统的专业能力其实会是这家跨界融合企业的灵魂"。

消费互联网的两种趋势

红杉资本全球执行合伙人沈南鹏对《第一财经日报》说，消费互联网的大部分红利已经展现，这个领域将会出现两种趋势：第一，行业继续整合并购；第二，在已有的用户规模上不断呈现新的产品业态，比如今年（指2016年）发展起来的众多直播业态。沈南鹏说，消费互联网只是互联网的一部分，企业级互联网服务将出现令人兴奋的发展。最近几年，红杉资本在早期投资中投入最多的就是企业应用、大数据、云计算等领域，红杉资本在2012年就已经为此在做人才和管理上的准备。

041

电视属于家庭，电影属于陌生人，手机属于个体

华人文化创始人黎瑞刚接受《时尚先生》采访时如此区分各种终端设备：电影和电视创造的是集体娱乐消费体验，其中电视属于家庭的集聚，电影属于陌生人的集聚；手机则把娱乐消费变得个体化。"互联网和手机出现以后，内容到底会走入怎样的生态环境，我觉得现在才刚刚开始。""所以我个人觉得电影导演不要忽视智能终端这样的设备，未来大家可以在各种各样的智能终端设备上看电影——手机、平板电脑、智能电视、投影仪等等，屏幕可大可小。未来一定会出现为智能终端定制的、比今天电影品质更高的内容产品。我相信接下来会有更多的资本、创意人才集聚到互联网上去，会出现很多品质远远高于现在的网剧甚至电影的产品。这样的产品投资量会更大，在叙述故事上会更加丰富，甚至比电影还要有更多的话题性。"技术的冲击、中西的交流碰撞和监管可能的变化，这三者都会带给文化娱乐行业新的变量。

042

1% 的开发者统治着 App Store

美国移动应用优化公司 Sensor Tower 发现，App Store 已经被大的应用开发商垄断，想要做一个独立应用开发商越来越难。根据他们的数据，2016 年第一季度 App Store 的总下载量为 13.8 亿次，总营收为 14.3 亿美元，而占 1% 的约 623 家应用开发商获得了 70% 的下载量和 94% 的总营收，合计 13.4 亿美元，余下的 9000 万美元则由约 62000 家应用开发商瓜分。

043

移动互联网的用户红利期已经结束了

美丽联合集团 CEO 陈琪在中国青年创业论坛上说，行业集中度在迅速加强，"美丽说"和"蘑菇街"的合并也是表现之一。之所以出现集中化趋势，是因为"无论是线上还是线下，流量都在高度集中"。陈琪说，他会经常打开同事手机去看哪些 App 在消耗用户最多的时间，结果发现是微信、微博、视频和一些刚需软件，如滴滴和饿了么，"其他App 的打开度越来越低，越来越多非金字塔顶端的 App 得不到用户"。线下同样如此，小门店生存越来越艰难，拥有流量的商超也在餐饮化和电影院化。陈琪说，移动互联网的用户红利期已经结束了。

我们正处在超大规模科技公司的时代

硅谷孵化器公司YC的总裁山姆·阿特曼在给创业者的2017年度长信中说，我们正处在超大规模科技公司的时代，"如果你相信梅特卡夫定律（Metcalfe's Law，网络的价值等于网络节点数的平方，网络的价值与联网的用户数的平方成正比），互联网公司处于最强盛的时期这种说法就合乎情理，因为互联网的用户数量以'n的平方'的速度在不断增加"。山姆·阿特曼说，如今亚马逊、脸谱网、谷歌、苹果和微软这样的巨头占据强大的优势，但大多数创始人和投资者还没有完全理解它们的优势，"它们拥有重要的数据和计算优势，能够吸引大部分最有才华的工程师，能购买有前途的初创公司"。如果没有反垄断行动，这种趋势不太可能逆转，阿特曼建议人们"慎重考虑这对初创公司的影响"。"当然，这些公司也有薄弱的区域，这就是创业的好机会。"

045

回报递增的公司正在定义企业界

《金融时报》引用经济学家威廉·布莱恩·亚瑟1994年发表的文章《报酬递增与新的企业世界》(*Increasing Returns and the New World of Business*)说，回报递增的公司正在定义企业界，技术改变了竞争格局，而其方式并不都是正面的。亚瑟在文中表达的是："信息驱动型企业不会像旧式大规模生产企业那样受到回报递减的困扰，而会随着规模扩大回报递增。在某一特定细分市场占据领导地位的公司，成为其他创新必须依赖的一个标准，客户逐渐习惯了它们的界面，竞争者的进入成本提高了。"而且，最优秀的回报递增企业可以通过锁定用户、建立连接、使用杠杆的方式，把用户群体从一种产品转移到另一种产品。比如，苹果可以把智能手机用户变成苹果移动支付的用户。对于竞争对手而言，在这个新企业市场中，"新产品经常必须在有些维度——价格、速度、体验——好上两至三倍，才能击败一个锁定市场的对手"。

互联网红利在向几个大公司集中

人人网董事长陈一舟接受荆楚网采访时说，2014 年人人网以 2 亿美元的价格把糯米网卖给百度，没有能做成后来的美团点评，是因为当时人人网的主业是社交网络。他承认自己错误估计了做社交网络的难度。"互联网是有大黑洞的，这个黑洞会把周围所有东西都吸进去，当时我们觉得人肉力量可以抵挡黑洞的攻击，堵了三年，堵不住。我们是一个中型互联网公司，没有很大流量，摊上了黑洞这个东西，把自己害了。所以不玩了，不跟腾讯竞争了，我们撤退。"在他看来，直播业务也会面对黑洞问题，尽管现在看起来欣欣向荣，但最终还是会由腾讯来收官。陈一舟说，中国互联网竞争已经白热化。"互联网上的红利逐渐向几个大的公司集中，这是一个很大的趋势。所以我们现在的业务，基本上就是把互联网当成工具，做'互联网＋'的业务。这样可以避开和互联网大公司的竞争。"

047

互联网行业的四个变量

源码资本创始人曹毅说，尽管互联网行业已经呈现出寡头格局，而且包括腾讯和阿里巴巴在内的巨头在资本和投资层面也越来越活跃，但仍然存在四个变量：人才的流动性；资本的流动性；政策的影响，比如反垄断；科技基础设施的颠覆性变化。在大公司内已经取得一定成就的人才，自己创业的动力在增强；而活跃的风险投资公司也会支持新公司的崛起。除此之外，曹毅说，"每个清醒的企业总有它的边界"，巨头也不可能所有事情都做。比如腾讯就通过投资的方式去布局自己的生态，它选择投资京东而不是自己做电商，投资搜狗而不是自己做搜索，投资滴滴和美团，而不是自己做出行与餐饮的O2O。曹毅在创办源码资本之前曾任红杉资本副总裁，源码资本投资的项目包括趣分期和PP租车等。

互联网巨头在
支付和财富管理领域可能打得最凶

人人贷联合创始人张适时接受 FT 中文网采访时说，互联网巨头们纷纷布局金融科技，它们在信用卡支付和财富管理领域会有机会，而且可能会打得最凶。巨头会在支付领域真正血拼，因为这个领域面对的是最主流的人群、高频次的需求。"在支付领域里，巨头们其实打的是银行。这是巨头们和银行等一些既得利益者重新分配的过程，所以这个领域最终一定会形成新的寡头，会是非常惨烈的战争。"在这个领域，互联网巨头具备流量优势和数据优势，不过"风险管理方面形成了很多在数据化之外的更硬的门槛，这些业务是巨头在进入的过程中没办法扫荡的，因为它们那套互联网的方法、逻辑在这个领域是不管用的"。在财富管理领域，巨头的优势会更明显。"对巨头来说，这是流量变现的方式，不管是在卖非标类资产，还是在卖收益类资产，或者是在卖保险类资产的过程中，流量变现都是自然而然的事情。"

049

去做能让 100 个人爱上的产品，
而不是 100 万人觉得还凑合的

硅谷明星公司爱彼迎的创始人和 CEO 布莱恩·切斯基说，他从第一个投资人保罗·格雷厄姆那儿得到的最好的建议是，"去做能让 100 个人爱上的产品，而不是 100 万人觉得还凑合的"。布莱恩说："如果你想做出伟大的产品，就从聚焦一个用户开始，让这一个人获得前所未有的体验。"

"贪心的加法"会成为产品的致命硬伤

腾讯联合创始人、前 CTO 张志东说,"贪心的加法"是一些产品团队的致命硬伤。他举出的负面例子是新闻 App。"看到业界有产品冒起,不想丢机会,就在自己的产品上很勤奋地叠加这个功能,叠加那个功能。"他说这仍是 PC 时代的思维,PC 时代存在流量红利,因为 PC 用户选择成本高,可以容忍相对较差的产品。而在移动时代,"每个产品均有自己的边界,一个产品应对一个核心诉求,解决一个核心问题"。"有的产品团队因为历史上有大收入,或者大的用户量,就觉得自己牛气,对产品的核心理念和用户的感受缺乏敬畏心,以为有资金有团队,叠加功能就是他们团队的狼性进取。"

051

真正伟大且成功的互联网产品，
必须极简、干净、易用

短视频平台快手的 CEO 宿华对中国经济网说，快手的核心
优势可以用八个字来概括：简单、好用、真实、有趣。快
手的使用门槛非常低。"我们尊重用户，在满足用户需求的
同时，尽可能不打扰用户。"宿华说，"真正伟大且成功的
互联网产品，必须极简、干净、易用。"比如，iPhone 只
有一个 home 按键、谷歌只有一个搜索框。宿华与快手其
他三位创始人都是工程师出身，做减法花费了他们的大部
分精力。"减功能是一件很痛苦的事情，因为你会看到各种
新玩法、新热点，但必须考虑这些新玩法是否符合公司的
愿景。"比如局部动图、平台内部私信等功能，快手都在尝
试后放弃了，"因为这些功能不是用户真正迫切需要的"。

好产品的三个要素

360董事长周鸿祎2016年12月14日在创业黑马社群大会上分享他对产品的判断原则，认为一个好的产品需要做到三点。第一点是解决用户的刚需，如果解决的不是刚需和痛点问题，则"这种产品可买可不买"。第二点是，产品应该是一个高频使用的产品。"产品如果使用频度特别低，用户就很难形成印象和体验，去年很多O2O的到家服务，但由于使用频度过低，导致很多服务很难被用户接受。"第三点是早期功能不宜太多。"因为你不知道这个市场会怎么样，所以应该把重要功能突出，如果能打动用户，可以顺势再加东西。否则，市场都没有验证，我们就做出来七八十个功能，最后你都不知道用户是为什么喜欢或不喜欢你的产品。"

053

所有互联网＋的公司，本质上要干的就是做感动人心、价格厚道的产品

小米 CEO 雷军在他参与发起的顺为资本的活动上说，互联网思维的本质是两点：第一点是"一切以用户为中心"，第二点是"极致的效率"。他如此解释"以用户为中心"："传统经济谈到以用户为中心的时候，会说'把用户当上帝看'，但这在本质上是没办法实现的——因为你接触不到用户！互联网有了量化的工具来帮我们了解日活跃用户数量、流失率等各种指标，本质上是用技术手段来改善用户体验，因为有了互联网，我们真正有机会以用户为中心。"极致的效率又和极致的性价比相连："让客户满意，本质上是要提高效率，用互联网的技术、人才、方法论、思维，包括更大的投入，来提升效率，用效率的提升来降低最后的售价，提升用户的体验，使用户感受到更好的性价比。"雷军说："所有互联网＋的公司，本质上要干的就是做感动人心、价格厚道的产品。我相信这是整个商业的王道，谁也没办法拒绝又好又不贵的产品和服务。"

054

聪明的公司会选择围绕普世价值去生产

肯·西格尔曾与史蒂夫·乔布斯合作 12 年，iMac 的名字是他起的。"i"这个字母也变成了苹果公司的代名词。他说乔布斯不是魔法师，"他只是用一种人人皆知的按部就班的方式改变了苹果公司"。这种方式就是简化公司结构、简化产品线、简化市场营销。在《简单思维：聪明的领导者如何消除复杂性》一书中，西格尔说："聪明的公司不会轻率地为各个国家或地区提供不同的产品，采取不同的营销手段，而是会选择围绕一种普世价值组织公司的产品和想要传达的信息。"

055

只有一个完全不一样的产品
才可以战胜对手

腾讯 CEO 马化腾说，新浪微博曾经了了腾讯很大压力。
"几年前新浪微博起来之后，开始从社交媒体转向社交网
络，那时候我们听说，谁谁学校里有一个班级用微博做他
们之间的通信，这对我们是很大的危机。它开始往下撒网，
（我的）第一反应就是我们也要做微博。但这很难，同样的
产品是没有办法战胜对手的，你只有找到一个完全不一样
的产品才能解决这个问题。"这个完全不一样的产品就是微
信。在腾讯内部，有三个团队报名做纯手机的移动通信，
包括 QQ、无线部门以及邮箱团队。QQ 邮箱团队的切入，
最早是腾讯希望 QQ 邮箱开发一个软件，能让每个员工方
便地用手机查邮件。所以，"微信最初就是一个邮箱"。"微
信其实是邮件，是个快速的短邮件，只是它快到让你以为
不是邮件。"之后，团队再为其加上语音功能和做通讯录导
入。语音功能让很多不习惯打字的用户变成了微信的用户，
手机通讯录和 QQ 用户数据的导入则为其带入了社交链的
能量。

056

如果一开始它做得精致又漂亮，
恐怕就没有今日的成功了

马库斯·托伊沃宁是瑞典游戏开发公司 Mojang 的员工，负责游戏《我的世界》(*Minecraft*) 的周边产品，包括玩具、手办和官方书籍。他对《卫报》说："当我刚来到 Mojang 时，我能看到、感觉到游戏中有无数我能改进的地方，但随着时间流逝，我开始对这些粗糙的视觉效果产生敬意。它们如此简单直接，而这也是它们吸引人的地方。如果一开始它做得精致又漂亮，恐怕就没有今日的成功了。"创意主管廷斯·伯根斯坦也同意这个观点，他说，《我的世界》推出以来，市面上出现了不少模仿者，但他们无法做到像《我的世界》这样简单纯粹，"模仿者们总是会增强游戏的视觉效果，但《我的世界》的卡通感，正是来自低分辨率、低清断度的风格，这样才能让人感觉到是在一个想象中的世界"。《我的世界》是一款沙盒游戏，由 Mojang 于 2009 年开发并发行。玩家可以在一个随机生成的三维世界内，用不同材质的方块自由地进行创造和破坏。

057

已经没人说"软件"与"硬件"这两个词了，大家说的都是"产品"

微软全球副总裁、Surface 业务负责人帕诺斯·帕奈接受澎湃新闻采访时说，不论是在开发阶段还是设计阶段，微软注重的是 Surface 整体的体验，没有硬件和软件的区分，而是强调产品本身，以及硬件和软件结合在一起的体验品质。他说，在微软内部，"软件"与"硬件"这两个词基本已经不再被提及，大家说的都是"产品"。Surface 不仅汇集了硬件和软件，还包括微软的其他设计力量、工程力量，比如 Skype 团队曾给 Surface 提出了摄像头和话筒方面的改进意见，OneNote 团队曾在触控笔方面提出了建议。

058

永远不要低估硬件

软银 CEO 孙正义在伦敦接受《时代》杂志采访时说，软银希望借助物联网的潮水迎来爆发性增长，成为世界上最强大的科技公司之一，比肩苹果、谷歌、脸谱网和亚马逊。"我曾帮助阿里巴巴快速崛起，我认为 ARM（一个 32 位精简指令集处理器架构，广泛应用于许多消费性电子产品之上，编者注）很快也能到如此规模。"孙正义还在日本的新闻发布会上说："我们投资的真正价值要在 5 年或 10 年后才会变得明显起来，永远不要低估硬件，ARM 会在未来的三年、五年或十年内成为软银的核心业务。"

059

时间层面上实现为顾客提供
"难以腻烦的产品"

全球最大便利店连锁公司 7-Eleven 创始人铃木敏文说，2013 年的时候，他们曾经推出过"黄金面包"，采用高端特制小麦粉、北海道的生奶油和从加拿大进口的蜂蜜，定价 250 日元（当时汇率为 100 日元约合 6.5 元人民币），比普通面包定价高出了 50%。上市两个星期，黄金面包的总销售量就超过了 65 万个，四个月里卖出了 1500 万个，成为畅销产品。正当黄金面包热卖时，铃木敏文却要求员工们"立刻开始研发新一代产品"，原因是"作为优秀的商家，不应该等到消费者生腻之后，再着手开发新产品，而应该提前研发，并在一种产品被厌倦时，立即投放新的产品"。他说，很多人误以为优秀的商家有能力创造出让顾客难以腻烦的产品，但其实"这是个貌似真理的假象。商家必须源源不断地推出'美味到让人生腻'的产品，而在时间层面上实现为顾客提供'难以腻烦的产品'"。

060

你必须尽可能地改变，
但又不能改变太多

瑞克·欧文斯是设计师瑞克·欧文斯 1994 年在洛杉矶创立的同名时尚品牌，它最为人熟知的产品是高帮运动鞋，贾斯汀·比伯、侃爷、权志龙等明星都是它的拥趸。2016 年 12 月 15 日，在接受 *Vestoj* 杂志采访时，瑞克·欧文斯说：" 作为一名设计师，你必须尽可能地改变来维持人们对你的兴趣，但又不能改变太多、变得不真诚。要实现这种平衡没那么简单。现在的我们太拘谨了，我不明白为什么现在的时装 T 台不弄得更夸张一点，可能华丽热烈的风潮已经走到尽头了吧。"

061

把想法按照困难的不同等级记录下来

"在研发团队中，我所扮演的角色是确定产品开发周期长度，提高产品开发效率，以及确保所有团队成员拥有积极的工作心态。"孵化器公司YC的合伙人迈克尔·塞贝尔说。具体的方法是，他要求工程师在开会过程中，把其他人提出的想法按照容易、中等、困难三个不同等级记录下来。这样做能让提出产品要求的非技术人员明白哪些想法是易于实现的，而哪些想法尽管不错，却是太过困难的和要消耗太多时间的。"我们会优先研发必需产品，暂时放弃加分产品"，塞贝尔说，这样可以非常迅速而且高效地取得进展，也不会引起任何大的争论和团队问题。

062

先思考"这个项目不能成功的最大原因是什么"

谷歌母公司 Alphabet 的 X 部门（前谷歌 X）的负责人阿斯特罗·特勒接受《科技纵览》采访时说，遇到一些可以被描述出来，虽然很难但有可能解决的技术问题时，X 部门想的不是第一步应该做什么最容易成功，而是"这个项目不能成功的最大原因是什么"。讨论这个问题有时会花上一天的时间。"如果成功地推翻了这个想法，谢天谢地；如果我们不能推翻它，也就是说，我们提出的第一个点不能作为项目的致命缺陷，很好。下一步，就可以看接下来两到三个暴露出来的问题。"X 部门还会特意记录被淘汰的项目，原因是：第一，不想做无用功（"我们不希望有人在毙掉一个项目两年后又提出同样的想法，然后再花三个月研究它"）；第二，要记下已有的想法，有时有些想法可能会被重新考虑（"假如我们因为一个尚不存在的电池技术而淘汰了整个项目，未来如果它问世了，我们还可以回去说：'现在我们可以重新考虑这个项目'"）。

063

产品做出来就赶紧交给用户

孵化器公司 YC 的合伙人迈克尔·赛博尔在硅谷 TechConneXt 峰会上建议创业者，团队成立后，最重要的事情是，尽快拿出哪怕是有瑕疵的最小可行产品（minimum viable product）。赛博尔说，最小可行产品是创业者第一次有机会向用户展示的产品，发布那一刻令人提心吊胆，于是很多人选择拖延，因为他们认为如果发布了一款糟糕的产品，可能就没法顺利起步。但这种观念是错误的。"很少有人记得谷歌什么时候上线，也很少有人记得亚马逊和脸谱网什么时候上线。做出什么就赶紧交给用户。如果你正在解决客户经常遇到的问题，你的产品再烂他们也会用。从这一点开始，你会了解到他们喜欢什么，不喜欢什么，产品也会逐渐改进。"

懂农村经济和既懂国内又懂国外的两类创业者，成功的比例会越来越高

纪源资本管理合伙人童士豪说，创业者越来越多，但能做大事的是两类人：一类特别懂农村经济，了解四五线城市；一类是既懂国内，也懂国外的人。这两种创业者的成功比例会越来越高。除此之外的人无法脱颖而出。到 2020 年，中国互联网的用户会从现在的 7 亿扩大到 10 亿，新增加的一定有很多来自农村市场。"多少人创业是跟四线、五线城市的用户有关的？不多。但是未来这五年，它是成长最快的。"童士豪是小米最早的投资人之一，曾主导投资了小红书、可穿戴设备和智能家居公司 Misfit 。

065

比尔·盖茨说，现在辍学创业
应该去这三个领域

比尔·盖茨 2017 年 1 月 27 日在哥伦比亚大学的演讲中说，如果自己现在辍学创业，很可能不在计算机行业，也不会开发操作系统，"如果现在进入计算机科学领域，最有潜力的应该是人工智能，任何与此相关的事都可能是令人兴奋的终身职业"。另外两个盖茨"如果现在辍学创业"可能涉足的领域是能源和生物科技，"能源上的创新影响很大，生物科技的发展比以往任何时候都快。在对抗肥胖、癌症和抑郁症上，创新有很大的潜力和需求。其中，最有希望取得进展的是 DNA 疫苗"。

创业公司的显性成本和隐性成本

迅雷创始人程浩说，很多人在创业早期往往重视显性成本，忽视隐性成本。显性成本是可量化的成本，比如公司财务报表上的费用，包括工资、房租等；隐性成本是无法精确计算的成本，比如沟通成本、团队的磨合成本等。他说，把员工工资压得很低，导致招不到人或者招个生手，工资是省了，却提高了隐性成本。"所以我们现在鼓励，两个人干四个人的活，发三个人的薪水。"

067

指数型思维和探月思维

奇点大学联合创始人彼得·戴曼迪斯在混沌研习社的演讲中，鼓励创业者要有指数型思维和探月思维。指数型思维对应的是线性思维。"我们所有人都是线性思维方式，1、2、3、4、5。而技术世界呈现指数型的发展，也就是1、2、4、8、16。30步之后，线性路线只走了30米，而指数路线已经走了10亿米了。"探月思维指的是，"要像人类探索月球一样，去做能改变世界的事……不只是做一个图片 App，而是要解决下一个世界上最大的问题"。彼得·戴曼迪斯举的例子包括如何延长人类的寿命，如何从宇宙中获取资源等。

新技术创业的曲线图

科大讯飞创始人刘庆峰在"我有嘉宾"年会上说，任何新技术都有一个基本的发展趋势图：首先从概念导入，然后开始进入梦幻成长阶段，顶峰就是梦幻期，这时会有大量人涌入，无论是创业者、投资人还是媒体都很关注，但到达顶峰后，无一例外地都会有梦幻破灭期，会有很多创业者失败，很多风投血本无归，"能坚持下来的人再慢慢地进入真正的产业成长和发展期"。因此，刘庆峰建议技术创业者心中一定要有这样一条曲线，知道自己会经历梦幻破灭期，只有扛得住，才可以走到美好的产业的未来。

069

这个世界的本质是把非标品变成标品

昆仑万维董事长周亚辉在创业邦的年会上发表演讲说，自己的工作，很多精力都是在研究非标品。"不管哪种工作，这个世界的本质是把非标品变成标品。一个公司、一个团队、一个创始人，他想要创业成功就需要把大量精力花在非标品上，而非标品是没有被其他人认知到的经验或者技术。"周亚辉研究的非标品是创业和投资。他说，创造一家1亿美元公司最重要的是跟着牛人。比如，过去5年成功率最高的公司群是小米生态链，在2015年年底前，创业公司能够进入小米生态链，就有很高概率进入1亿美元公司行列。1亿美元公司创始人最大的能力是商务拓展和销售。10亿美元公司需要"具备规模效应、商业壁垒、网络效益、可复制性"，因此，创始人和CEO如果是产品和技术出身，成功率比较高。百亿美元公司则"一定要找到历史性的circle（赛道）进入其中，一定要再造原有的价值链条，需要非常深度的思考能力、融资能力"。

070

不要重新发明轮子

执一资本创始合伙人李牧晴说，创业早期应该遵守三个法则。一、不要重新发明轮子。创业早期最高效的方法是尽量少做创新，先去向最懂这个行业的人请教，快速将行业现有知识学会，然后组建团队。二、找到单元盈利模型。每个垂直领域里做得好的公司，都是到一线调研，发现用户痛点和自己的业务模式。爱彼迎的创始人就是在去了用户家里后发现了很多问题，比如用户白天要上班，晚上拍出来的房屋照片很难看，影响消费者的决策。于是爱彼迎帮助用户优化照片，甚至请专业摄影师去拍摄。发现真正的需求和用户痛点后，创业者必须找到一个基本单元的盈利模型，比如如何在一个城市里盈利，或是在某个单项业务里赚到钱，接下来再考虑如何去稳步增长。三、起于创新，成于合规。对政策的理解力和敏感性对金融行业创业者来说非常重要，公司业务需要规范化和标准化。实现标准化可能成为区别于其他公司的亮点。

071

去推动边界，
而不是做那些容易做的事情

2001 年就加入了腾讯、现任腾讯首席探索官的网大为（David Wallerstein）对 FT 中文网说，他建议创业者不要进入腾讯已涉足 17 年的社交网络和即时通信领域。"一个创始人可能会觉得，（在这个领域）某个想法是他的。但他不知道的是，这个想法也许我们早就尝试过了。即使在内部，我们有时也会有不同的团队在做同一个方向的研究。"他建议创业者考虑那些不会和腾讯竞争的技术领域，比如机器人，这是腾讯感兴趣但不会自己开发的技术。"如果你开发出这样的技术，就可以利用我们的微信，或用我们的云，把设备和用户连接起来……所以我会鼓励中国的创业者考虑这些方向，去推动边界，而不是做那些容易做的事情，比如开发下一个视频 App。"

当你有一身血战的本领的时候，你见了谁都想打一仗，但是它会限制你的思维

暴风 CEO 冯鑫在格局商学院演讲时说，过去所有工作的思维方式，包括创业的思维方式就一个："我觉得你做得不好，我比你做得好。"这种思维方式的问题是："当你有一身血战的本领的时候，你见了谁都想打一仗，但是它会限制你的思维。"今天他会跟身边的人说："我不准备打任何一仗，不会参与任何一个红海战役，而只做蓝海的生意。如果我没有本事看到蓝海，我们就拼命去找，直到找到为止，红海战役是没必要打的。"

073

最好的公司应该是暂时找不到词语
描述其行业和商业模式的公司

著名投资人彼得·蒂尔说，最好的公司应该是暂时找不到词语描述其行业和商业模式的。"好的公司是绝对不会用一连串热词的，而最好的公司，我们一般找不到最佳的词语去描述它，或者即使有词语可以描述它们所在的行业，也是因为把它们划分到了错误的行业里。比如人们认为谷歌是搜索引擎，脸谱网是社交网站。而实际上，谷歌是第一个以机器为主导的搜索引擎，这个分类在谷歌之前是不存在的，而你必须要认识到谷歌的这个秘密才能判断它与其他公司的不同之处。脸谱网并不是一个社交平台，而是第一家在网上建立个人真实身份的公司，这才是脸谱网的强大之处。（但在）12年后，我们依然错误地认为脸谱网属于社交网站。"

在两个产业跨界融合部分
最有可能产生创新机会

腾讯 CEO 马化腾说，创业者可以关注两个产业跨界融合的部分。"因为一个产业做得很久，已经是一片红海，我们现在看到，在两个产业跨界融合部分使用新技术往往最有可能诞生创新的机会，那可能是一片蓝海。"他以自己创业的历史为例："当年做通信的没有我懂互联网，做互联网的没有我懂通信，所以我做起了当时的 QQ，包括现在的微信。这就是抓到了一个跨界的点。"

075

要刺刀捅进去就出血

阿里巴巴首席战略官曾鸣把战略分为四个阶段：0 ~ 0.1 的战略尝试期、0.1 ~ 1 的战略成型期、1 ~ 10 的战略扩张期和 10 ~ N 的高效执行期。在不同阶段战略的打法都不一样。"在 0 ~ 0.1 阶段，不要追求干净、漂亮、清楚，在这个阶段，战略是讲不清楚的，更不用说业务模式和收入模式。这是一个逐步磨的过程，要先从边缘的软柿子开始捏起，捏多了，你自然可以捏更硬的，一开始啃硬骨头的，一般成了'先烈'，因为你成了别人的样板……一开始不要怕事情小，要敢于从小的事情切入，但是你切入之后要知道有放大的可能，而不是切入之后还是小的。"这个阶段最关键的是"科学有效地找到切入点"。"互联网思维最重要的一点是迭代优化"，如果没有切入点，就得不到用户的反馈，连迭代的机会都没有。所以，刚到阿里巴巴时，马云天天跟他讲"刺刀捅进去要出血"。这就是要找到切入点的意思，因为如果是捅一块板，捅几刀也捅不进去。

076

专注是初创公司得以生存和
成功的唯一方法

2005 年，19 岁的亚伦·莱维在叔叔家的车库里和朋友迪伦·史密斯一起创办了云存储公司 Box。亚伦·莱维回忆说："当时的投资者很难向一个行为像 40 岁、实际上 19 岁、但看起来才 12 岁的创始人投资，他们以为我们会拿着他们的钱去迪士尼乐园玩。"后来，亚伦·莱维写了一封邮件给达拉斯小牛队的老板马克·库班，库班投资了 25 万美元。不过，亚伦·莱维后来反复讲到的是，马克·库班给了他一个最好的建议。这个建议是："你不要两边下注。你的资源很少，时间也很少，而当前的任务又很多。因此，你不能同时兼顾很多事情。例如，你无法同时走两条平行的路，这样你会分心，你必须高度专注。"当时，莱维并不确定公司应该专注于消费者市场还是企业市场。听了库班的建议后，他决定专注于企业市场。亚当·莱维说："直到今天，我仍然遵循着这个原则。我想，这是你作为初创公司得以生存和成功的唯一方法。"

077

市场有起有落，所在的领域也会有起有落，唯有相信自己做的事情，才能一路走过去

顺为资本创始合伙人许达来说，顺为资本对被投创业者的建议一直都是这三点：第一是要对所做的事情有信仰，"市场有起有落，所在的领域也会有起有落，唯有相信自己做的事情，才能一路走过去"；第二是要开源节流，顺为资本一直鼓励被投公司在短期内做到有收入，并尽可能做到盈亏平衡，尽量减少对现金流的消耗；第三是一定要有好产品。"这三点都能做好，根本不会有缺钱一说。"许达来说。

100 句话中只要有 1 句话启发了你做出改变的灵感，就是有益的

新东方教育集团创始人、洪泰基金合伙人俞敏洪接受《中国青年报》采访时，分享了六条给年轻人的建议：一、决定创业时，最好独立经营一段时间，时间越长越好，这会奠定你作为创始人的基础；二、有关公司命脉的那几条线，你必须是专家，有专业能力才会有好的创业状态；三、找到志同道合的人，而且一开始就要清楚界定主副分工；四、要照顾好客户、创始人、合伙人、投资人这四种人；五、培养自己的狼性，团队必须具备狼性，才有可能做成事；六、愿意和善于倾听意见及建议。"100 句话中只要有 1 句话刚好启发了你做出改变的灵感，就是有益的。"

079

比竞争对手学得更快，或许是唯一能让你在竞争中保持优势的能力

零售网站防诈骗服务供应商 Forter 的联合创始人兼 CEO 迈克尔·雷特布拉特总结了他的四条创业生存法则：第一，做好一再失败的准备，鼓励团队的冒险精神，并且要在失败时保护好他们；第二，迅速适应变化，"比竞争对手学得更快，或许是唯一能让你在竞争中保持优势的能力"，但是抵抗抗拒改变的惰性会很难，"对付惰性改变现有事物，需要很大的勇气，因为你和周围的人总能找到借口安慰自己，现状挺好、不用改，而且改变意味着承认现在做得还不够好"；第三，蹩脚的计划也好过没有计划，因此，即使变化总是会发生，也一定要做好计划；第四，坚持，"成功不是终点，失败不是末日：拥有继续前进的勇气才是关键"。

080

创业时最应该忽略的三个商业神话

美国电话系统方案服务商铃盛（Ring Central）的 CEO 弗拉德·施穆尼斯在"透视创业家"社区说，创业时应该忽略三个大家以为正确的商业神话。

第一个神话：在创业公司步入正轨前把它作为副业经营。"把自己的公司作为全职工作会产生巨大的动力，因为它包含了很大的风险。而用业余时间创业，往往一拖就是好几年。如果要失败，就早点儿失败。"第二个神话：创业时不应该寻求外部资金，除非实在没辙。"风投的支持远不止资金，他们会为你的成功尽心尽力，提供经过检验的指导，还会带来一大批人脉，开启一些重要的通道，也可以充实你的人才库。"第三个神话：只要产品棒，就不愁销路。"更好的做法是早早地对经销网络及合作策略进行全盘考虑。理想情况下，要对这些策略进行实际验证，而不是在制定解决方案的过程中去寻找问题。"

081

创业者最容易犯的错误是不知道省钱

拉卡拉董事长孙陶然在自己的微信公众号撰文说，在公司初创和起步时期，全部的工作是三件事：省钱、做出有人愿意买的产品和找出大规模销售产品的方法。他说，创业者最容易犯的错误是不知道省钱，"小公司大做"，租大办公室，招很多人。正确的做法是："首先要组织最小化，创业者必须亲力亲为，用最少的人、最小的组织结构，能用一个人绝不用两个人，能用两个人绝不用三个人；其次要做减法，能不做的事儿都不做，只做必须做的事情。""省钱可以让你有时间去做另外两件能够让初创企业活下去和进入下一阶段的事情。"

082

人们对创业的四个误区

餐巾金融（Napkin Finance）是一家面向年轻人的金融知识服务公司。公司 CEO 蒂娜·海说，人们对创业有四个误区：第一，认为成功必须从一个好想法开始（但事实上，你的想法需要不断变化和调整，直到它能解决某个现实问题。推特开始时是一个播客平台，脸谱网刚开始是面向哈佛学生的外貌打分应用，优步刚开始只提供高端专车服务，如果它们坚持最初的想法，就不是今天这个样子了）；第二，认为产品质量是决定成败的唯一因素（事实上，重要的是产品快速迭代，并收集用户反馈，"尽快发布产品，找到合适的市场契合点，是多少钱或者多好的技术都无法取代的"）；第三，认为必须有足够多的钱才能开始（事实上，融资是有代价的，而且不能保证总是融到，创业者需要去思考除了钱之外的其他资源）；第四，认为创业者都是穿套头衫的极客和年轻人，就像电影中的马克·扎克伯格一样（事实上，不是每个创业者都必须这样）。

083

B2F 和 C2M

复星集团前 CEO 梁信军接受《21 世纪经济报道》采访时说，投资机会存在于 B2F 和 C2M 领域。B2F 是指面向家庭的生意（business to family）。"产业需要跟着需求走，需求跟着客户走"，全球的中产人士数量在高速增长，因此可以围绕跟中产家庭有关的创新和高增长需求来创业和投资。C2M 是指由用户驱动的制造创新（customer to maker）。C2M 的出现，一方面是因为客户的需求越来越个性化，另一方面是因为制造商可以利用大数据分析能力和个性化制造能力来快速响应这些需求。它也是移动互联网对制造业的改造，"未来将不会再有互联网企业或传统企业的区分，如果你不与互联网融合，那结果一定是被淘汰"。第三个梁信军认为有机会的领域是同 VR（虚拟现实技术）和人工智能相关的行业，如芯片等与硬件相关的产业和与 VR 相关的内容产业。

084

如果你能找到那个黑洞，去投它，
就可以赚大钱

九鼎集团总经理黄晓捷说，从历史的角度看，人类历史可以分为两个阶段：原子时代和比特时代。原子时代由看得见摸得着的物质构成，比特时代由看不见摸不着的数据构成。"比特世界来了，投资到底是更确定还是更不确定？"答案是，更不确定也更确定。"更不确定是因为变化太大，更确定是因为比特世界会形成黑洞，如果你能找到那个黑洞，去投它，就可以赚大钱。如果按照商业模式来分，做产品的公司，生命周期通常比较短；搞基础设施的，比如亚马逊这样，会比较长久；搞成了生态的，比如脸谱网，会更像黑洞一些，更持久；而谷歌这样的公司，就是比特世界的数据矿。数据其实跟煤一样，你做任何关于未来的研究都要在数据的基础上，谁把数据积存得最多就最有可能长久地有竞争力。"我们现在处于比特世界冲击和替代原子世界的过程中。这个过程产生了很多机会，比如把原子世界比特化，将线下商业线上化。

085

互联网时代，好玩比好用重要

"资本只有等一件事向好之后才追加投资，因为好用可以用比较科学的方法算出如何变现和赚钱，但在真的互联网时代，好玩比好用重要。"嘉御基金创始人卫哲说。他举出了几个例子：eBay好用但淘宝好玩；MSN好用而QQ好玩；诺基亚好用而苹果好玩。"我建议更多资本应该先从好玩入手，别太在意这个东西是否好用，玩多了自然就有用。"

最大的机遇存在于那些无法判定 究竟是好还是坏的点子上

风险投资公司 a16z 的合伙人马克·安德森坚信，最大的机遇存在于那些无法判定究竟是好还是坏的点子上。他认为："在大家公认为好的点子上赚钱很难，如果某样东西已经得到大家的认同，那么资金已经流入，机会也溜走了。"所以，应该持续不断地去投资自己认为正确且还未得到共识的项目。而"非共识"往往很容易被人理解成"疯狂"。

087

失败本身并不代表任何人是愚蠢的

愉悦资本合伙人戴汨分享了 a16z 合伙人班尼迪克·埃文斯的一篇文章，文章通过数据来讲述风险投资机构和失败之间的关系。a16z 的 LP（有限合伙人）Horsley Bridge 公司统计了它投资的基金从 1985 年到 2014 年做的 7000多个投资。这些数据显示，在风险投资投出的资金中，大约一半的投资不能拿回本金；6% 的投资构成了总回报的60%；除了少数关门不做的基金，每家基金一半左右的投资都是赔钱的；以项目数量衡量，那些投资回报最好的基金拥有更多的赔钱项目；一家基金要想获得更好回报，方法不是减少赔钱的项目，而是投出更多高回报项目。因此，埃文斯说："最好的 VC 基金，不只是有更多的失败和更多的大赢家——他们有更多更大的大赢家。"这意味着风险投资机构对失败的态度与众不同。"在高科技行业，搞砸了是常见的事情。但是，失败是风险的一部分，失败本身并不代表任何人是愚蠢的。失败，只是意味着你尝试过了。"

投行无法跟上快速变化的科技世界

《金融时报》的一篇文章说，中国互联网巨头绕过投行，正在培育内部并购团队，反映出他们的战略与风险投资的投资组合不断扩大，以及一种观念：投行无法跟上快速变化的科技世界。金融数据提供商 Dealogic 的数据显示，BAT（百度、阿里巴巴、腾讯三家公司的统称）如今已进入中国最大交易机构的行列，过去 18 个月共斥资 640 亿美元进行收购。三家企业都成立了 40 至 70 人的内部投资部门，内部交易团队主要由前投行员工、私人股本公司高管和咨询顾问组成。腾讯总裁刘炽平和首席战略官詹姆斯·米切尔，阿里巴巴总裁迈克·埃文斯和蚂蚁金服国际业务负责人道格拉斯·费根此前都曾在高盛任职。一名公司内部投资部门人士说："如今投行丧失了在并购交易中向客户提供咨询服务的能力……在互联网领域，事物的变化太快了，投行开始发现很难跟上某些并购交易应当或者不应当发生的行业逻辑。"他认为："投行负责科技领域的员工对我们企业的了解程度或许仅仅相当于我们自己的 1%。"

089

不要过多计较 10%、20% 的价格，没意义

2005 年，58 同城的创始人姚劲波去找几家投资机构融资，其中包括 IDG 和软银赛富。IDG 愿意出 300 万美元占 25% 的股份，软银赛富愿意出 500 万美元分两次投入，先期 300 万先占 20%，后面 200 万再占 17%。58 同城选择了软银赛富。2013 年 58 同城在美国上市后，软银赛富的这笔投资赚了 8 亿美元。作为 58 同城的天使投资人之一，蔡文胜说："一股你愿意花一块钱买，还是愿意花九毛五来买，只有 5% 的差价。（IDG）就为了 5 分钱，不愿意投这个项目。对创业者来讲也是一样。现在计较 10%、20% 的价格，没意义。为什么？钱不是装到你口袋里，VC 投你的钱是要让你去发展。只有最终做成了，你那部分的股份才有价值。如果不成功，计较再多 20%、30% 的估值，都没有任何意义。"

090

坚持"孤狼"般的独立思考

青山资本创始人张野有一个观点很有趣,他认为现在中国的早期风险投资,已经从"孤狼时代"发展到"羊群时代"。之前投资人都是偏"孤狼"型的,典型的如沈南鹏。现在风险投资繁荣,从业者众多,大家开始互相影响,投资人之间频繁交流项目和信息,看的东西也都差不多,这就造成了投资领域和所投项目的高度同质化。比如今年(2016年)开始投直播,就都投直播;O2O一旦降温,马上集体冷落O2O。在羊群效应的影响下,投出好项目的概率变小。而什么人能投中好项目呢?第一,能坚持"孤狼"般的独立思考;第二,跨界做投资的人,视野和看问题的方式不同,反而有助于他们发掘好项目。

091

一个人的团队体现出来的不是自大，而是自由

史蒂夫·安德森是 Instagram 的第一个投资人。十年前他发现，愿意做早期投资的大型投资机构已经减少到 55 家，但个人天使投资者往往只能投几千美元。于是，他决定填补个人天使和大型投资机构间的空白，创立了基线创投（Baseline Ventures）。安德森是唯一的决策者，他说："一个人的团队体现出来的不是自大，而是自由。"没有其他合伙人，他可以跟创业者见面半个小时就开出一张 50 万美元的支票，不用在办公室与他人因为公司文化问题争吵。"我的合伙人会议真的很短，因为就是我一个人在进行本我、自我和超我的辩论。"安德森十年来一共投资了 80 家公司。他最初募集的资金规模是 7000 万美元，但仅已退出的 1/4 项目，他就收回了 7 亿美元。此外，在剩下的项目中，有 20 个公司他所持的股份价值超过 1 亿美元。Instagram 现在的估值是 350 亿美元。

小圈子才有价值，
它能进行思想交换，提升认知

梅花天使创投创始人吴世春接受"新浪创事记"采访时说："我很讨厌混大圈子。大圈子中的成员交集基本上都是打个哈哈，大家聚会端杯红酒走来走去没什么意思。小圈子才有价值，它能进行思想交换，提升认知。"他说，最有价值的是七八个人组成的小圈子。"很多项目不会在路演时出现，好的项目在小圈子里就消化掉了。你只有成为小圈子里面的超级节点，才有可能拿到好项目。"吴世春名片背后印着"帮助聪明的年轻人变成伟大的企业家"，梅花天使创投投资的大部分创业者都在 28 ～ 35 岁。吴世春说："聪明不是抖机灵、占小便宜，聪明是 wise 而不是 smart，你见过哪家大公司是靠抖机灵做大的？我希望创始人站到我们面前讲项目的时候，能展现出一种睿智，而不是一种激辩。嘴比脑袋快是有问题的，假使创始人说话特别流利，包装得特别精致，我们反而会怀疑他。"梅花天使创投投资的项目包括唱吧、小牛电动、锋范科技（歌手汪峰参与的耳机项目）等。

093

如果数字很大，我们会到前面看一下这是什么生意

汤姆·帕金斯是早年硅谷的"众神"之一。他是硅谷最知名同时也是最早成立的风险投资机构 KPCB 的两位创始人之一，中间那个 P 代表的就是 Perkins。KPCB 投资过的公司包括康柏电脑、太阳微系统、基因泰克、谷歌、亚马逊、美国在线、网景等众多公司。他说："我被无数次问到：如何撰写一份成功的商业计划书？我的回答通常是：我无法告诉你如何去写，只能告诉你我们是怎么读的。我们从后往前看，如果数字很大，我们会到前面看一下这是什么生意，总之非常复杂。创业者经常没有准备好商业计划书，对我们来讲这不是问题，因为我们会跟他们一起完善他的想法，以便让所有合伙人接受这个想法。同样，如果团队不健全，也没有问题，我们可以自己填充进来，直到项目孵化出来，再帮忙招聘一个强大的团队。康柏电脑就是这样。"

政策优惠和补贴可能
对社会进步起负作用

SOHO 中国董事长潘石屹在公开活动中说，他最近一年都待在美国，发现中国和美国的环境完全不一样。最大的不同是，中国有好多优惠政策、产业政策的支持，而美国很少有这方面的支持，政府扮演的角色特别弱。他说："一个不成功的项目，在失败时，失败得越快越好；一个能够成功的项目，能够得到市场的支持、资金的支持，它成长的速度越快越好。本来一项技术和一件产品，在社会和市场上是不被需要的，但为了追求成功率，把一个不该存活下来的项目用各种优惠政策和补贴（支撑下来），甚至没有房子给房子，这样的补贴，对社会的进步是负作用。"

095

我们为什么要强调供给侧？
是提醒大家，不要老想着刺激

财政部前部长、全国社会保障基金理事会理事长楼继伟2016年11月27日在中国经济与国际合作年会上说，结构性改革是供给侧独有的，需求侧并不存在结构性改革，"我们为什么要强调供给侧？是提醒大家，不要老想着刺激"。楼继伟还说，中国经济正处于"政府直接管理的市场配置资源"向"政府间接管理下的市场经济体制"的过渡阶段，如果长期处于政府直接管理市场配置资源阶段，会导致低效率和腐败，因此必须强化改革。

美国繁荣的关键在于：
一个能挖掘人类潜能的系统

巴菲特在 2017 年的年度信中，引用作家格特鲁德·斯坦因的话说："钱总在那里，只是装钱的口袋不断变化。"个人的财富可能受损，但是这部分财富只是转移到了另外一个人手中。"如果一个美国人违约，他或她的资产并不会消失不见或者不再发挥作用。所有权会转给借贷机构，然后该机构再转卖给下一个买家。国家的财富仍然完好无损。"巴菲特说，"市场系统是一个经济上的交警，指挥着资本、智力和劳动力的流动，这种流动创造了美国的富足。"他认为这个系统是美国繁荣的关键："早期的美国人既没有比他们之前几个世纪辛苦劳作的人们更聪明，也没有更努力。但是这些富有冒险精神的前辈们创造出了一个能挖掘人类潜能的系统，他们的后辈也能在这个基础上继续创造。这一经济创新将源源不断地增加我们后代的财富。当然，财富累积过程总会时不时被打断一段时间。然而，它不会被停止。"

097

不应该以公司大小和市场上
有几家公司来作为反垄断标准

经济学家周其仁在北京大学国家发展研究院举办的讨论会上说:"出租车市场原来有很多家出租车公司,但大家仍然觉得服务差、价格高,因为门是关着的。准入要放开,加强事中和事后监管,让市场发挥资源配置的优势作用,而不是用数字的方式认为市场上应该有几个打车平台。"

财富大爆炸的原因：
想法、点子和创意的"交配"

过去两百年，人类的平均收入增加了十倍，全球每人每天的平均收入从 3 美元增长到了 33 美元。美国伊利诺伊大学芝加哥分校经济系教授迪尔德丽·麦克洛斯基说，这是由于各种想法、点子和创意的"交配"，释放了资本的生产力，而越重视自由价值的地区，越能促成各种想法的"交配"。她援引英国作家马特·里德利在《理性乐观派》中的话说："在过去两个世纪，'不同的想法开始了交配'。比如，火车运输源自将高压蒸汽机与在铁轨上行驶的运矿车相结合，而除草机则是把缩小版的汽油发动机与缩小版的收割机结合。各种富有想象力的发明皆如此。这些想法在脑海中的交汇，带来了各种改良机械的爆炸性涌现。"

099

指数级增长的趋势将会是我们面临的一项巨大挑战

红杉资本全球执行合伙人沈南鹏在亚布力论坛上说，人们很容易就"加速演变"达成共识，但对演变速度却意见不一。他引用了一组数据来说明这种速度，全球每一个领先行业排名第一的公司获得1亿用户所需的时间分别为：无线电，38年；电信，11年；社交网络（PC时代），3年；移动互联网，1年。而且，这种速度不仅仅是在互联网领域，在生物科学领域，基因测序的成本也从十年前的6万美元左右降到现在的几美元。"指数级变化对人类的适应构成巨大考验，因为人的心理习惯于适应线性变化。很多企业家、金融家的直觉判断正是基于线性的增长变化，指数级增长的趋势将会是我们面临的一项巨大挑战。"

100

亿万富翁的数量和质量
会影响国家繁荣

摩根斯坦利投资管理公司全球首席策略师鲁奇尔·夏尔马在他的新书《国家的兴衰》中，把亿万富翁的数量和质量作为衡量国家兴衰的标准之一。亿万富翁的数量很重要。日本的亿万富翁掌握的财富占日本 GDP 的 2%，夏尔马认为这个比例太低。日本的亿万富翁数量也太少，这意味着在日本，并不鼓励创新和企业家精神。在他看来，这也是日本经济长期低迷的原因之一。然后是亿万富翁的质量：好的亿万富翁可以创造就业，提供创新的产品和服务，从而推动经济增长；坏的亿万富翁通过政治关系和腐败来致富。好的亿万富翁的代表包括中国和美国的互联网企业家，坏的亿万富翁的代表是俄罗斯的寡头。夏尔马说，俄罗斯 104 名亿万富翁所持有的财富中，70% 来自能源行业，这个行业又同政府关系密切。

101

不要被硅谷的年轻企业家们骗了，
富裕国家的商业领袖也在经历老龄化

《经济学人》商业编辑安德鲁·帕默说，不要被硅谷的年轻企业家们骗了，富裕国家的商业领袖也在经历老龄化。高管猎头公司史宾沙的一项调查说，1/3 的美国企业为董事会成员设定的退休年龄是 75 岁。2005 年时，只有 8% 的公司预计它们的董事会一直工作到 75 岁。如今在入选标准普尔 500 指数的公司中，约有 2/5 的董事会成员年龄在 64 岁及以上，十年前这个比例只有 18%。世界范围内知名的老年商业领袖包括：巴菲特 87 岁，查理·芒格 93 岁，乔治·索罗斯 87 岁，卡尔·伊坎 81 岁，默多克 86 岁，李嘉诚 89 岁，达索集团的塞尔日·达索 92 岁，约翰·马龙 76 岁。《财富》杂志曾做过一篇非常有意思的报道，说可能老年商业领袖要比年轻的 CEO 更勇于变革，杂志采访的一位老 CEO 说自己一点都不害怕变化："他们能拿我怎么办，让我提前退休吗？"

两种不同的创新者：
年轻的天才和年长的大师

沃顿商学院教授亚当·格兰特把伟大的创新者分为两类：年轻的天才和年长的大师。虽然大家印象中的创新者多是年轻的天才，但芝加哥大学经济学家戴维·盖伦森的研究发现，在艺术与科学领域，有很多人是在年长时才攀登到顶峰。为什么有的人在非常年轻的时候就做出伟大的创新，有的人却在上了年纪后才厚积薄发？戴维·盖伦森认为这是因为存在两种完全不同的创新风格：概念型和实验型。"概念型创新者想出一个伟大的创意，并着手执行。实验型创新者通过反复尝试来解决问题，在进行的过程中学习和不断变化。概念型创新者如同短跑运动员，实验型创新者如同马拉松选手。"戴维·盖伦森对诺贝尔经济学奖得主的研究表明，概念型创新者平均在43岁时达成了他们最有影响力的成就，而实验型创新者在61岁时才做到。他对诗人流传最广的诗歌进行分析，概念型创新者平均在28岁时完成最著名的作品，实验型创新者在39岁时才完成。这两种创新的区别也决定了，概念型创新成就年轻的天才，实验型创新成就年长的大师。"概念型创新者通常在他们第一次接触到某学科后不久对这门学科做出最重要的贡献。他们年纪渐长时的成果无法同年轻时创造的杰出成就相比，并不是因为他们江郎才尽。相反，他们是受到长期积累的经验的影响……概念型创新者的真正敌人是思维定式。他们可能成为早期重要成果的俘虏。"人们也许会羡慕概念型创新者，但是这种创新的风险是，可能余生他们只能自我重复。而实验型创新者的优势是，虽然他们用了很长时间才取得一些成就，但是可以保持创新能力，因为他们可以通过不断试验去发现新的观念。

最重要的是，

"你要知道什么东西现在可以发展了"

诺贝尔奖获得者、物理学家杨振宁接受《澎湃新闻》采访时，比较了中美基础科学研究的现状："物理学有它的'传统'，一个年轻人要想钻到这个领域里头，他得学习过去几百年已经有的知识，还得知道今天这个领域里头正在高速发展的是哪些问题。你如果在美国，在一个好的学校里头，你就浸淫在那'空气'里头，知道什么东西是重要的问题，这就是'传统'。"杨振宁曾在西南联大本科加硕士读了六年，又到芝加哥大学读了三年博士。"我在西南联大无疑是得到了最好的、很接近前沿的基础物理学教育。可是我在芝加哥大学所浸淫的空气是跟西南联大完全不一样的，是只注意当时的问题。这些'当时的问题'我在昆明时不知道，在芝加哥之后，就完全在这里头。"现在中国基础研究的境况不成功的地方是它还没有形成了解最新的东西在哪里的"传统"。而对基础科学最前沿来说，最主要的是，"你要知道什么东西现在可以发展了"。

104

这个世界在变化，
所有的理论都得重新审视

中国社会科学院前副院长、经济学家李扬说："全球在经历着剧烈的变化，几乎可以说我们所有的理论也都面临着巨大的挑战，到底会走到什么样的程度？我们现在都不清楚，但是我们现在肯定着手开始研究。"他列举的变化包括人口结构变化、贫富差距和收入分配问题、宏观经济政策逐渐失效、长期低利率和负利率的利率困境等。尤其让人印象深刻的还包括，英国脱欧与特朗普当选美国总统反映出的"我们习惯的西方内在价值认同已经出现了变化"，这一变化显然会引发一系列连锁反应。另外就是去全球化的趋势，李扬说，"这一轮去全球化是必然的……出口导向我们要反思，大规模的引进外资我们也要反思……这个世界在变化，所有的理论都得重新审视，在审视之前要看什么地方发生了变化"。

膨胀的房地产市场
正在阻碍消费结构调整

英国《经济学人》智库在 2016 年 11 月 2 日发布的报告中说，中国高收入消费者数量会在 2016 ~ 2030 年出现井喷。"预计到 2030 年，中国消费者人均购买力将达到 2000 年韩国和美国消费者的人均水平，超过 1/3 的中国人年均可支配收入超过 1 万美元，比现在提升 10%，人数也将从现在的 1.32 亿增长至 4.8 亿。高收入人群（年均可支配收入超过 32100 美元）将从 2015 年的 2.6% 猛涨到 2030 年的 14.5%。"收入的提高和中产阶层生活方式的普及会改变消费偏好。"跟其他亚洲发达经济体相比，中国人在食品和住房上的消费占比仍然偏高，因此未来在其他消费品和服务领域存在更大的增长空间。最有可能出现增长的项目包括交通、通信、休闲和教育。但住房类支出过多是实现这一过渡的拦路虎。尽管中国的人均可支配收入在 2015 年远低于韩国，中国居民住房类支出占比却比韩国高，这表明膨胀的房地产市场在阻碍中国的消费结构调整。"

106

经济和社会发展是最好的避孕药

人口学者何亚福在《新京报》撰文说，生育率不像水龙头那样，想关就关，想开就开。根据全国妇联的统计数据，开放二胎政策一年后，不想生育二孩和不确定的家庭占79.5%。何亚福说，生育率的高低不仅仅受到生育政策的影响，更受到社会经济发展水平的影响。"经济和社会发展是最好的避孕药。即使不限制生育，由于现代社会抚养孩子的成本高，大多数夫妇也不愿意多生孩子。要促进人口的长期均衡发展，不但生育政策要放开，也需要出台有利于减轻育龄夫妇生育和抚养孩子负担的政策，这样才有可能缓解低生育率危机。"

传统工艺被称为"传统"是一种侮辱

微信公众号"未来预想图"采访了日本杂货店中川政七商店。中川政七商店前身创立于1716年，如今有数十家店铺，2016年营收达2.82亿人民币。它从早先卖麻织品和茶具的杂货店，进化到今天有设计感、有品牌，出售各种生活用品的商店，而中川政七商店现任社长中川淳是做到这一切的人。在他接手时，公司每年的营收只有约7300万人民币。中川淳说："我们容易陷入一种想法：只要专业人士做出好东西来就没问题，但只凭这样的想法是不够的。做工艺品要花成本，如果同样的东西被别人用更简单省钱的方式做出来，我们就输了。……传统工艺被称为'传统'是一种侮辱。传统工艺这样的词被象征化了，从某个时期开始一直没有进步的东西才会被称为传统。汽车产业已持续发展了一百多年，也没有被谁称作传统，这是由于它一直在进步。不负责任地说出'保持传统就好'的人是不买商品的。我们必须从'传统'这样的侮辱中走出来。"

108

日本比硅谷落后的原因

集富有限公司（Jafco Co.）是日本历史最悠久、规模最大的投资机构，累计投资了近 4000 家公司，包括软银、无印良品母公司 Ryohin Keikaku 和《街头霸王》游戏生产商 Capcom。集富有限公司的 CEO 丰贵绅一接受彭博社采访时说，日本比硅谷落后了大约 25 年，原因是"日本企业家过早地放弃了他们的雄心抱负，让企业过早上市"，所以集富现在开始调整投资策略，降低投资企业数量，提高投资金额，"让这些初创企业能保持长时间的私营状态，充分进行国际市场的扩张，就像优步和小米那样"。日本 IPO 申请条件相对宽松，小企业更容易上市，所以初创企业的融资难度就降低了，随之减少的是对全球扩张的野心。

市场是有效的工具，
但市场不能定义什么是好社会

哈佛大学教授和知名政治学者，以《公正》一书闻名的迈克尔·桑德尔对《新京报》记者说："对于组织有效生产来说，市场是非常有效的工具。但是在过去的几十年间，我们犯了错误，市场已经超出了工具效用。市场不能定义什么是好的社会，不能告诉我们如何分配共同财富。"市场和市场思维不能解决教育、医疗等公共资源的建设和分配问题。巨富和企业家们的成功除了自身之外还需要很多条件，因此他们需要有敬畏之心和公益之心。他说："在市场经济中获得成功的人，他们是否仅靠自己的所作所为得到了现有的一切？还是说他们所取得的成就依赖于社会共同创造的诸多条件？"

110

资本主义的一个显著特征就是持续加速

接受澎湃新闻采访时，著名左翼思想家大卫·哈维说："资本主义的一个显著特征就是持续加速，你去问普通的美国人一天能有多少空闲时间，他们会说'我忙疯了，没有一丁点自由时间！'。每个人都在赶 deadline，每件事都越快越好，城市中的日常生活变得越来越无法忍受。我们需要慢下来。但是资本主义的本质决定了它无法慢下来，资本主义事关加速，资本要高速流动，因此它们编造了时尚，加速消费，加速淘汰，加速破坏，加速重建。我们必须每年都换新手机，我们还要新的这个，新的那个。我现在还在用我奶奶的叉子和刀子，它们已经有 120 多年了，但刀刃依然非常锋利。资本主义如果制造能用 120 年的东西，它们就破产了。甚至学术界都是这样的，我 20 世纪 60 年代进入学术界，那时候的学者一辈子出两三本书就很了不起了，但是现在的学者可能一年内就要出一本书。不光看数量，还要看引用率，社会不断迫使学者制造意义不大的论文。"

中国电影行业现在的问题是
过度追求变现

华人文化董事长黎瑞刚在达沃斯接受新浪科技采访时说，中国电影行业现在的问题是过度追求变现，希望通过一两部电影的票房快速套现，这不利于整个产业链的打造和工业体系的建立。他认为，想要达到好莱坞那样的电影工业水平，需要足够的耐心和投入，因为"这是一个体系，包括人才培养、制片公司、经纪公司、行业公会、投融资对接，以及编剧、导演等在内的完整产业链条"。对于天价球员、艺人，黎瑞刚说西方体育、影视等领域都有薪资管理体系，保证规范化管理，让从业者挣到该有的钱，但不会破坏平衡，不会让一个行业失去循环的造血机制。"现在比较好的做法是引进他们的一些先进的管理理念、机制和做法，然后与中国的实际结合起来去接受市场的验证。"

112

明星的思维方式和商人的思维方式

万通创始人冯仑在自己的微信公众号上发表文章，谈到为什么包括王宝强在内的明星类公众人物，在离婚等属于私人范畴的事情上，会选择通过互联网和媒体来发布，与之相反，同样有新闻价值的官员和商人往往会在这种事情上尽量低调。他的答案是："明星是一个很奇怪的群体。他们的资产就是他们自身，他们要通过媒体来取得别人的关注，经营自己，提升自己价值。"所以，既有秀恩爱、秀盛大婚礼，也有晒娃甚至晒惨的。"长此以往，明星就形成了这样一套思维和生活方式，依靠媒体而活，生活在口水和目光中，他们相信有口水就有目光，有目光就能不断提高自己的价值。因此，明星容易产生一种'道德幻觉'。一方面过分相信道德的力量，同时也更加忌讳、敬畏这种力量。商人的世界则有所不同，在商人的生活中，道德幻想很少，他们更多时候希望对手对他们口袋里的钱表示敬意。"

人类分享的冲动胜过保护隐私的愿望

凯文·凯利在接受硅谷密探采访时说："你公布和公开自己的信息，就是在实现个性化，个性化程度越高，需要的透明度就越高。如果你要保护隐私，不对朋友、公司、机构开放自己的信息，那么你必须接受自己不被重视、不被个性化对待。未来我们是有选择权的，两个极端分别是个性化和透明公开，以及隐私和一般化。事实证明，人类会更倾向于选择个性化和透明公开的那一端。现如今的社交媒体其实就在向我们证明，人类分享的冲动胜过保护隐私的愿望。"

114

优质的公司，
连一个国产螺栓都不敢买

全国人大代表、上海大众汽车发动机厂维修部高级经理徐小平讲了这样一个故事："我曾经去一个民营企业调研，发现这个企业的产品做得非常好。一方面企业有非常强大的研发团队，另一方面在全球采购最好的零配件进行集成，这证明中国企业是能做成优质产品的。但是我问企业老总，有没有国产的零部件？他回答：'很少，连一个国产螺栓都不敢买。因为螺栓虽小，但用在关键部位，凡有受力要求的都是一次性的，旋过以后就要扔掉，不能重复使用。我们在市场上买到的很多螺栓，标号是对的，材质却不对。某些企业为了降低成本粗制滥造，造成的后果是，螺栓装在某个部位，时间一长就松掉了，造成安全事故。'"

115

中国企业生产的产品不存在技术和设计问题，而是制造和工艺问题

格力电器前董事长朱江洪说，中国企业生产的产品不存在技术和设计问题，而是制造和工艺问题，"没有去把产品做精做好，因为没有工匠精神"。工匠精神的缺失往往会导致隐性缺陷，"这种缺陷看不见、摸不着，甚至用仪器也检查不出来"。朱江洪举例说，三星公司用了很长时间也没有找出手机爆炸的真正原因，就是产品的隐性缺陷导致的。"在工业里面，隐性缺陷就是在检查、生产各方面过程中管理不到位产生的缺陷，比如元器件在高温高湿的环境下产生了耐温耐湿的缺陷；工人在操作过程中不注意，对元器件造成了硬件的冲击；或者元器件受到化学损伤，生产出来的产品就会存在隐性缺陷。也许有缺陷的产品只有千分之一，甚至万分之一，但是当一千万台产品生产出来，后果是难以预料的。"

II

CEO应该只干三件事情

CEO 应该只干三件事情

风险投资家弗雷德·威尔森说，CEO 应该只干三件事：雇用并留住最好的人才；制定长期战略，有效并广泛地在组织内外沟通好这一战略；确保公司还有钱。他说，如果你只干这些事情的话，那就说明你的工作做对了。"不过任何时候，只关注这三件事情的 CEO 非常少，经常会有救火的时候。不过当机器运转得当时，你就可以站在一边看着它轰鸣了，这是一件很美好的事情。"弗雷德·威尔森投资过推特、汤博乐（Tumblr）、Foursquare 等公司。另一位投资人、经纬创投的合伙人张颖说，CEO 应该做的三件事是关注品牌、运营和现金流。

002

如果 CEO 发现 70% 的时间花在做事情上，只能说明你的团队不强

"CEO 千万别说'最近好忙，最近在修 bug（漏洞），最近在打一场营销战，我所有的时间全部花在这儿，你别跟我讨论战略，这个事不着急，我们先把这个仗打完，不然饭都没得吃了⋯⋯'，这都是有问题的。每个创业者要非常仔细地想想自己的时间应该花在哪里，在战略方面花费多长时间。如果 CEO 发现 70% 的时间花在做事情上，只能说明你的团队不强。"瓜子二手车 CEO 杨浩涌说。杨浩涌同时也是赶集网的创始人。在他看来，早期创业者关注的事情分为人、事、战略三种。绝大部分创始人花在事上面的时间最多，永远在救火，永远在解决问题。但他自己的两次创业经验告诉他，CEO 要在人和战略上花超过 50% 的精力。

003

成功的初创企业一般都要经历三个阶段，不同阶段 CEO 的工作重心也有所不同

YC 合伙人阿里·洛天僧认为，成功的初创企业一般都要经历三个阶段，不同阶段 CEO 的工作重心也有所不同。"第一个阶段，CEO 的工作是开发出伟大的产品，然后找到一小群热爱它并狂热使用它的人。在这一阶段，初创企业的 CEO 是首席执行者，你必须深度参与到产品开发和用户获取的工作中。第二阶段，CEO 需要从首席执行者过渡到首席公司建设者。这是非常困难的一件事，一旦你成为成功的首席执行者后，就很难停下来，时时都想事必躬亲。但你必须停下来，只有这样才能去处理只有 CEO 能做的、影响力很大的任务。（在第二阶段结束时）你将拥有一支经过'路测'的领导团队，你的直接下属应该是有经验的领导，在你定好方向的情况下，这个人应该可以在高层执行到位，基本上不需要你参与。然后你就可以把公司建设的担子交给领导团队，开始进入第三阶段的工作，也就是把核心业务的利润投入到新的变更性产品上面。"

004

抛弃掉 70% ～ 80% 的工作，
然后从容工作

Wifi 万能钥匙的创始人陈大年是盛大网络创始人陈天桥的弟弟。他在哈佛大学的演讲里回忆盛大创业时期，说当时每天工作 15 个小时，一年只休息 7 天。盛大网络的成功让他们更加拼命，担心不够勤奋、错过机会会导致满盘皆输。结果在 2006 年的时候，他们俩去医院的次数越来越多，陈大年甚至还有过一次濒死体验，晚上 10 点钟时躺在浦东的一座立交桥下等救护车。"身体就垮掉了，休养到今天也无法承受正常的工作强度。"于是他开始复盘公司的路径，发现盛大网络达到最高点，其实只需要做对三件事：第一件是靠代理《热血传奇》活下来并且赚钱；第二件是推出自主研发的《传奇世界》并且成功，不再担心失去游戏代理权之后怎么办；第三件是做成起点中文网，表明盛大网络不只做游戏可以成功。他发现，不止盛大，也包括阿里巴巴和腾讯，"决定这些公司成就的，往往就是其中的几件事，而其他大部分的工作都是锦上添花……只要做对了这几件事，又不太在意短期利益，这些公司一样能够达到今天的成就……从这个角度再回头看，就会发现我们做的事情里，最有价值的事情很少。如果你不追求一个短期利益的话，你可以把很多，也许 70% ~ 80% 的工作全部抛掉。抛弃掉，公司就能够特别从容。"陈大年 2013 年 9 月创办了 Wifi 万能钥匙，注册用户 9 亿，月活跃用户 5.2 亿，是除了微信和 QQ 外活跃用户量最大的产品，但他说，创业三年半来，他每天工作时间差不多只有 6 个小时：每天早上 10 点半到公司，中午会有两小时的吃饭和健身时间，到晚上 6 点钟雷打不动回家，礼拜六、礼拜天绝对不干活。

005

把盈利的事情放在核心、首要的位置，因为这才是长久之计

米未传媒创始人马东接受《第一财经周刊》采访时说"米未的一切都在为盈利努力"，从米未诞生的第一天起，米未的一切行为都是围绕盈利展开的。他说，所有的商业逻辑里最基础的一点就是盈利，盈利既可以是近端的，也可以是远端的，也就是在未来盈利。平台公司可以在获得市场份额后躺着赚钱，但前期需要大量资本的投入；而内容公司"每一笔收入都要靠自己挣"，"盈利能力不仅决定了公司的发展速度，甚至在一定程度上决定了业务走向"。马东说："今天有很多内容创业者，在最开始的时候是被激情或自身的能力驱动的，但我建议大家把盈利的事情放在核心、首要的位置，因为这才是长久之计。"

如果钱多，就烧钱买势能；
如果没有钱，就找到一个品类，
把其他全都放弃掉

瓜子二手车 CEO 杨浩涌在 36 氪主办的 WISE 独角兽大会上说，想清楚商业模式之后，非常重要的一件事情是建立势能。"势能的意思，是能够建立自己的壁垒和护城河，就像一个在浪尖上划船的人，浪尖推动着你往前走，对手划两下你只需要划一下。"势能包括媒体在提到这个行业时是先提到你还是先提到对手，包括 App 不做推广时自然排名是排在对手前面还是后面。杨浩涌说，如果钱多，就要烧钱买势能。"瓜子今年打这么多广告，（因为）我们觉得是一个好时候，现在是寒冬，对手是不打广告的，所以我们打广告的时候效果好很多。如果你跟对手同时打广告，你的广告会下降 50% 的效能。所以如果有钱，（就要）抓紧时间舍命狂奔把你的势能建立起来。"如果没有钱，那就找到一个品类，然后把其他全都放弃掉。"战略很重要的事情是取舍，找到你的品类里面最值得做的事情，剩下那些舍不得的东西、还在纠结的东西，如果你的钱不够，都应该放掉。"

007

CEO 要随身带好四张 Excel 表

PPTV 创始人、蓝驰创投投资合伙人姚欣在混沌研习社说，在做 PPTV 时，不管走到哪儿，他的电脑里一定有四张 Excel 表。第一张表是损益表，它可以解释一个公司在一定时间内的收入、开支和利润情况。损益表不反映现金流情况，但可以确认收入和固定成本、可变动成本以及毛利率、净利润，能反映商业模式和盈利能力。这张表很重要，跟未来股价相关。第二张表是现金流量表，是反映你能活多久的表。第三张表叫股权结构表，能告诉你还有多少融资空间、底线在哪里、股东们的控制力在哪里。第四张表是员工期权池。同甘苦还要分田地，你的股权结构、员工期权池是激励他们的重要手段。

你有什么，你要什么，你放弃什么

阿里巴巴集团董事局主席马云 2017 年 1 月 25 日在浙商总会年会上分享了他对未来世界和中国经济的看法。他说："世界在未来五年到十年以内，会远远超过我们大家的想象，会比较复杂。但我自己的看法，觉得这不是坏事，关键看你怎么看。任何变化，你当作灾难的时候，你越看越不顺眼；任何变化，你当作一个机会拥抱它的时候，会越看越有意思。"马云说："不管经济形势好坏，我们做企业，永远问自己三个问题：你有什么、你要什么、你放弃什么。我们每个人每一年都要问，在你痛苦的时候，要问这三个问题；在你开心的时候，也要问这三个问题……其实想明白这些以后，经济形势好坏，跟你没关系。"他以阿里巴巴为例："在形势不好的时候，进行内部学习、提升、组织改造显得尤为重要。阿里巴巴的积累是从 2001 年、2002 年开始的，那时候整个互联网格局发生天翻地覆的变化，互联网泡沫，没有人跟我们做生意，我们第一是'抗日军政大学'，第二是'南泥湾开荒'，第三是'延安整风运动'。我们要想明白这三个问题，我们有什么、要什么、放弃什么，什么是我们的价值观，我们到底想干吗。'抗日军政大学'培养干部，把阿里巴巴的整个干部体系建立起来。'南泥湾开荒'，是能不能（做到）最低成本，如果公司亏损，我们就少亏损一点，如果赚钱，我们就把钱多分给客户一点。2008 年金融危机时，我们依旧这么思考。经济形势现在已经很确定了，经济形势一定不好，中美关系一定会有摩擦，这些都是确定要素。你的企业一般来讲都不会太好，80%、90% 的企业都会日子难过。在这个情况下，我们就应该做一些我们可以做好的事情。"

009

创造者时间表和管理者时间表

YC 的创始人保罗·格雷厄姆说，工作时间表有两种：创造者时间表和管理者时间表。管理者时间表，顾名思义，是管理者的时间表，他们的主要工作就是与人会面、进行会议，他们的时间可以切到按小时、按分钟计算。创造者的时间表是类似于程序员和工程师这些人的时间表，他们工作需要整段时间，喜欢以半天为时间单位工作。"大多数有权力的人比较喜欢管理者时间表，他们在高位，可以让其他人与自己的时间表同步，有权力让别人根据自己的节奏工作；但聪明的管理者往往会克制这种权力，因为他们知道，有的人需要长时间全神贯注才能完成工作。"这两种时间表会发生冲突。尤其是当一个人同时是创造者和管理者时，比如，一个程序员出身的创业公司 CEO。如果你使用管理者时间表，那你必须参加无穷无尽的会面。如果你使用创造者时间表，那么你就必须拒绝各种外出和会议，这不但容易得罪人，还会错过认识新的有趣的人的机会。

保罗·格雷厄姆的方法是：把时间分成两块，一块属于管理者时间表，一块属于创造者时间表。他每天晚饭后一直编程到凌晨 3 点，这是创造者时间表；第二天上午 11 点起床到晚饭，则属于管理者时间表。

010

管理两家公司的秘诀

《哈佛商业评论》主编殷阿迪问雷诺–日产的CEO卡洛斯·戈恩，如何做到同时管理两家公司，而且这两家公司一家在法国，一家在日本。卡洛斯·戈恩回答说："我的时间大约有一半是计划好的，比如两家公司的董事会议、执行委员会议、产品会议、设计会议，等等。每月有一周时间，所有日产的关键同事都和我在东京工作，我们把所有事项都压缩在这一周内，做出大多数重要决定。剩下的时间，我们的高层经理可以和他们的团队自由支配。同样，我和雷诺在巴黎的团队也是每月有一周的固定时间。"剩下的两周时间，戈恩视之为"寻找下个机会、下个领域的时间"，他会打理公司运营、走访市场、研究最新技术、和供应商以及客户在一起。"掌管两家公司最关键的是，要放权给周围的人。这意味着严格的组织架构，以及对每个人工作表现的问责。表现还凑合的员工肯定不行，你需要真正

高效的员工。最重要的是选对人。选错了高层就好比关上
了飞机引擎。另一件重要的事是战略。哪些产品是优先选
项？我们该推出哪些技术？投资什么？我们要做什么？不
做什么？"

011

世界上最好的企业需要的
人才是长跑型的

红杉资本全球执行合伙人沈南鹏说，创业容不得创业者去重新学习，竞争的环境可能让创业者没有机会学习，因此基础科学知识结构对个人成长最关键。"培养逻辑思维和建立模型的能力，对创业和企业管理都至关重要。很多优秀的创业者或 CEO 利用基础科学的建模能力去比较和分析竞争对手，优化自己的产品战略，这无疑是最基础的工具和手段。世界上最好的企业需要的人才是长跑型的，人文科学和基础科学等集合成一体的人，而不仅仅是只懂计算机科学的那些。这些知识也会帮助你分析自己的企业是否健康。"他也建议企业家要懂得和关注重要的数字指标，而不是强调物理条件和设施，注重形式而非内容，强调不可量化的事物，"因为投资方对创业项目的考量，在 A 轮之后不可逃避的就是数据：订单量、客单价、用户数、周留存率等都是考核指标之重，无数据难以服众"。

012

公司管理过度而领导不足，会在快速变革的世界中变得越来越脆弱

领导力专家约翰·科特在《哈佛商业评论》上撰文说，领导与管理完全不同，管理是整合所有生产环节，在预算内提供产品和服务并维持一定的质量；而领导要求能迅速发现并把握机会，在公司的发展愿景下，完成人才引进、授权等工作，更重要的是能做出有效的变革。"如果公司管理过度而领导不足，会在快速变革的世界中变得越来越脆弱。"

013

最怕的是管理者不做决定，
而不是做错决定

阿里巴巴集团 CEO 张勇在天猫的管理者大会上说，他希望所有的管理者"能够更快速、更锋利地做决定，能够不怕得罪人地做决定"，而"这不是建议，是要求"。"我们今天特别要注意的问题，就是不要怕做错决定。对所有的团队来讲，他们最怕的是管理者不做决定，而不是做错决定。做错决定可以改，而且很多决定在做之前，谁也不知道是不是错的。"只有这样，才能保持快速行动力，"不断根据第一线的情况灵活决策"。他以自己为例，他最早加入阿里巴巴时任淘宝 CFO，后来转做天猫总裁。做 CFO 和做总裁，"最大的区别是要敢于做不完美的决定，敢于做取舍"。"我跟大家相比，离前线的炮火太远了，大家才是听得见一线炮火的人，大家才是看到竞争形势瞬息万变的人，大家看到什么样的变化，应该主动推动做改变、做决定、做应对，而不要归结于流程、归结于审批。如果我们愿意，我们可以改变很多事情。"

014

我每天做的都是艰难的决定

阿里巴巴集团 CEO 张勇接受李翔专访时说："凭什么这个人做 leader 或者说做 CEO？是因为别人不敢拍（板）的，我必须要拍，就是这样。第一是要做别人不敢做的决定。第二是承担别人不能承担也不敢承担的责任。第三是要搞定别人搞定不了的资源。做别人不敢做的决定，承担别人不敢承担的责任，搞定别人搞定不了的资源，如果这三件事情你都做不了，那凭什么让你来做？"他说："我每天做的都是艰难的决定，容易的决定轮不到我做。下面的团队早就把容易的决定做掉了，最终到你这里，肯定是比较有挑战的决定或者有争议的决定，但你总要决定一下。以前我讲，你要做不完美的决定，就是这个决定无所谓对错，可能事后去分析两边都有道理，而且只要坚持可能都能做到，所谓条条道路通罗马，但是你总要选一条，不然团队就没有办法往前走。"

你没做过错误决策就
不可能掌握最大的成功的钥匙

在旗下投资公司君联资本的活动上，联想控股总裁朱立南说："CEO 几乎无法避免决策错误，我们就是在决策错误当中成长的，甚至有一种理论说，'你没做过错误决策就不可能掌握最大的成功的钥匙'。但是要把握（以下几点）：第一，方向最好别出错；第二，不要犯致命性错误；第三，不要犯三次同样的错误。"

016

CEO 累成狗是必然的

微博 CEO 王高飞说，2015 年他跟几个公司的 CEO 一起和阿里巴巴的参谋长曾鸣聊天时，其中一个 CEO 就问曾鸣："马云在管理上是如何分工的，能把公司管得这么好？"曾鸣回答说："阿里巴巴在你们公司这么大体量时，马云什么都管，连前台的事情都管。"王高飞感慨说："想想确实是这样，没到那个体量的时候，没有必要非得追求合理的架构。公司到一定体量的时候，管理自然就上去了，但是当下 CEO 就要累成狗。"

017

要想解决 CEO 的心力交瘁问题，
最好的方法是分散责任，少干点活

《金融时报》专栏作家露西·卡拉韦说，做 CEO 很烦主要是因为四个原因："首先，人们觉得你大权在握，但其实不是。一切组织都存在运转障碍，即便你明白自己想干什么，也没法实际执行。其次，一切问题都得由你负责，即使跟你一点关系都没有。第三，当 CEO 真的很孤独，没人跟你说真心话，你也不能对别人掏心掏肺。最后，你要在地球上最压抑的两个地方度日——会议室和飞机上。"因此，要想解决 CEO 的心力交瘁问题，最好的方法是分散责任，少干点活。"CEO 真得为了一个会议发言飞半个地球吗？通常不是。大部分会其实没必要开。"然后，改变对 CEO 个人能力的预期，从而减少对 CEO 的压力。当然了，付给 CEO 的报酬也会随之降低。

018

大多数的诋毁来自两个方向

滴滴出行 CEO 程维说:"大多数的诋毁来自两个方向,第一个方向是你的事情改变了一些利益格局,第二个方向是你确实有做得不足或者沟通不到位的地方,这是自身的问题。第一个问题要坚定,要想推动一些改变,一定会被攻击,一定会产生压力。第二个问题要反思,适当的监督和适当的刺激对企业未必是坏事。"

和 CEO 沟通时，尽量用数据说话

京东前 CTO 李大学在 2016 年全球技术领导力峰会上说，公司小的时候，很多事情 CTO 都必须亲力亲为，比如写代码；但当公司逐渐长大，CTO 要学会像 CEO 一样思考，"在 CEO 眼里，CTO 是个'成本中心'，总是要钱、要人、要资源，还经常出事"。对 CTO 来说，最大的问题是不会沟通。"CTO 习惯用技术思维来沟通，世界里只有 0 和 1，非黑即白。但对 CEO 来说，每天面临的问题都是不确定的，不是靠推导逻辑可以推导出来的。"他说，自己在京东学到的一个好招数是，"和 CEO 沟通时，尽量用数据说话"，"要说清楚这个项目能给公司带来什么，不是带来技术的先进性，而是跟收入、利润或者用户体验挂钩"。

020

懂得恐惧可以让公司活下来，
懂得贪婪可以让公司做得大

阿芙精油创始人雕爷总结阿里巴巴集团董事局副主席蔡崇信的湖畔大学授课，称之为CFO的三重境界。第一重是对企业的财务状况和收支平衡有充分认识，并和CEO有很好的沟通。这是大部分活下来的公司的CFO都具备的能力。第二重是风险管控。风险管控包括两个方面，第一个方面是懂得踩刹车，不让财务状况失控；第二个方面是帮助CEO下决心，拿大筹码去赌未来，蔡崇信认为这是风险管控最难的地方。套用巴菲特的名言"在他人贪婪时恐惧，在他人恐惧时贪婪"，第一方面就是懂得恐惧，第二方面就是懂得贪婪。懂得恐惧可以让公司活下来，懂得贪婪可以让公司做得大。第三重境界是资源调配，包括公司的财务资源、人力资源、高管的注意力资源等，去决定哪些仗该打，哪些不该。

021

为你想要的下一个角色做好准备

软件公司威睿（VMware）的 CEO 帕特·基辛格对商业内幕网说，当你成为 CEO 后需要去管理包括法务、财务、运营、销售在内的各个部门，在没有第一手经验的领域里，人们常常会暴露自己的不足之处。那么即将晋升或成为CEO 的人该如何识别自己的认知缺口呢？基辛格建议，看看自己公司的 CEO 是怎么做到的，比较一下自己掌握的技能和 CEO 的技能，然后努力填补两者之间的差距。"我给出的第一个职场建议是，不论担任什么角色，都要把工作做得很好；第二个是，为你想要的下一个角色做好准备。"

022

你不拥有品牌，消费者拥有品牌

Pizza Express 全球董事局主席王金龙在接受金融时报中文网采访时说："现在建立品牌和过去不一样，过去是纵向的，品牌把自己展示给消费者就可以了。但是现在一定是横向的，你不拥有品牌，消费者拥有品牌，他们是品牌最好的传播者。我们希望通过带动人们充分参与，充分动员，来建立忠诚度。"Pizza Express 是英国知名的餐饮连锁品牌，2014 年 7 月弘毅投资用 9 亿英镑收购了它，然后试图帮助它打开中国市场。王金龙曾担任星巴克中国区总裁。

023

所有业务的起点都是客户

亚马逊高级副总裁杰伊·卡尼说，亚马逊的会员服务"Prime"开始时只是一名公司中层提出的想法，到今天，它已经成为亚马逊的标签之一。杰伊·卡尼说："如何决定是否开始一项新业务，对亚马逊来说，起点都是客户。我们首先要从客户开始，了解他们的需求在哪里，再来看如果我们要做这件事，是否有独特的能力和优势，是否能通过一些独特的创新非常好地满足客户的需求。如答案是肯定的，我们就会进入这个领域。"亚马逊的这些尝试有的成功，有的不成功，但都是"创新的一部分"。"贝佐斯讲过，每一项失败都为我们提供了非常宝贵的经验，很多最终成功的创新和想法，都来源于曾经的失败。"至于 Prime，在推出时大部分人的第一反应是，这项创新过于昂贵，很可能难以收回成本。但是 CEO 杰夫·贝佐斯和管理团队认为这是客户需要的服务，仍然坚持推行。

024

赢家永远是那些
能够满足用户需求的公司

福耀玻璃董事长曹德旺在被问到是否担心美国总统特朗普因为福耀是中国公司而制裁他时，曹德旺回答说："我是企业家，我在美国做生意，我做的事第一是研究美国人需要什么东西，第二是我能不能按照他们的要求做出满足他们需要的东西。如果我都能做到，质量也能达到他们的要求，他们什么 TPP 都没关系。为什么呢？你美国人自己需要，又不会做，那当然要去买了。"赢家永远是那些能够满足用户需求的公司。

025

我们眼睛就是看到客户口袋里面的钱

华为创始人任正非通过邮件的方式，向员工分享了他同华为日本研究所员工座谈的内容。在其中，他再一次强调，华为的成功，就是以客户为导向。"其实华为的成功很简单，没有什么复杂的道理，我们就是正正经经地为客户服务，我们眼睛就是看到客户口袋里面的钱。你能不能给我点钱？你能不能再给我点钱？你能不能多给我点钱？不给钱，就说明你们日本代表处对客户不够好。我们没有什么复杂的价值观，特别是小公司，不要这么多方法论，认认真真地把豆腐磨好就有人买。我昨天中午还排了很长的队去吃面条，人家反复给我介绍这面条来自中国，怎么中国人没有把面条做好，让日本人做得那么好呢？这个就需要反思了。所以任何一件事，不要把方法论说得那么复杂，消耗了我们的精力。其实我们就是一句话，你真真心心地对客户，终有一天客户会把口袋里的钱掏到你的口袋里，还心甘情愿。"

026

战略就是客户价值，
客户价值＝利益 × 体验

蚂蚁金服董事长彭蕾说，战略就是客户价值，战略离开客户价值就不成为战略。而客户价值＝利益 × 体验。利益，是当用户使用你提供的产品和服务时，是否感觉得到了想要的东西。体验就是用户体验。"客户价值等于利益乘以体验。利益是核心，但体验做得好，可以让客户价值事半功倍。体验做得不好，会让利益大打折扣。"

027

不论用户想要什么，
都要让他们在最短的时间收到货

2017 年年初，《快公司》杂志将亚马逊评为最具创新力公司，原因是：虽然它规模很庞大，但是行动仍然敏捷。亚马逊 CEO 杰夫·贝佐斯对《快公司》记者说："我们的客户很忠诚，直到有人提供更好的服务。我们很喜欢这种局面，它刺激我们前进。"因为这种刺激，亚马逊不断创新。贝佐斯会不断在相邻的产业实验，最初出售图书，接着销售各类商品，然后建造仓库和物流设施；AWS 公有云（亚马逊建立的云计算平台）每年营收 130 亿美元，不仅供爱彼迎和奈飞等公司使用，还用来存储 Kindle 电子书、驱动智能语音助手 Alexa。《快公司》记者与许多亚马逊高管交谈时会问：到底是什么东西将这一切整合起来？回答都是"不论用户想要什么，都要让他们在最短的时间收到货"。亚马逊副总裁斯蒂芬·妮兰德里负责推广亚马逊一小时到货业务"Prime Now"，她说自己运营的业务只解决两个问题："你们有没有我想要的东西；当我需要时能（及时）送到吗？"如果不能解决这两个问题，其他一切客户体验都是白搭。

028

保持业绩的关键不在于为消费者提供完美选择，而在于提供简单选择

宝洁前 CEO 雷富礼和多伦多大学罗特曼管理学院前院长罗杰·马丁在《哈佛商业评论》的一篇文章中说，公司保持业绩的关键不在于为消费者提供完美选择，而在于提供简单选择。"留住顾客的重点，并非适应不断变化的需求，以及在理性或感性上保持最大限度的匹配，而是不要让顾客被迫做出另一选择。为达到这个目的，企业必须创造成'累积优势'（cumulative advantage）。""累积优势"是指在最初竞争优势的基础上，把产品或服务打造成让消费者在直觉上感到更舒服的选择。人类的大脑在面对选择时，情愿重复做同样的事，购买最醒目、最领先、最容易选择的品牌就形成了循环，公司产品的占有率也因此能随时间而增长。雷富礼说，建立"累积优势"有四个基本原则。第一，"出名要趁早"，早期的市场份额非常重要。第二，为用户习惯而设计，设计时要注意"产品设计元素必须保持一致，让消费者快速找到产品；找到让产品融入生活环境、

鼓励人们使用的最佳路径"，"频繁的设计改变往往无法强化习惯，反而形成了干扰；必须寻找那些能够真正强化习惯并鼓励购买的改变"。第三，品牌内部创新时要注意，"对于消费者而言，'改进'要比'全新'听起来舒服、安心得多"。第四，保持简单传播，"通常情况下，人脑很懒惰，不愿耗费精力理解高度复杂的信息"。

029

商家是来做生意的，
不是来做智力测试的

阿里巴巴 CEO 张勇在 2016 年的内部会议上说："商家来我们平台是来做生意的，不是来做智力测试的。"他的意思是，平台上产品的设计和规则的设定，必须要简洁、清楚。张勇提出，阿里巴巴作为平台，今年重要的目标是为商家"赋能"。"赋能"的手段，是向商家提供电商工具、数据、营销手段、用户的互通连接等解决方案。因此，阿里巴巴的高管们在会议上梳理他们提供给商家的各种各样的入口、活动、工具、规则等。在梳理过程中，张勇提到，首先，今天平台上的一些规则，已经不再符合现在商家做生意的诉求，需要更新、调整和优化；其次，提供给商家的运营工具、平台规则等要尽量清晰简洁，不要搞得商家过来还要费很大功夫去学习你的规则，找你的入口，学习怎么使用工具，"这就变成智力测试了"。

030

如果真的进入一种没有竞争的阶段，
公司也会停滞

"市场必然有竞争。如果真的进入一种没有竞争的阶段，公司也会停滞，这是我的感觉。如果说有什么是滴滴三年来发展这么快的最大因素，那就是最激烈的竞争。我不觉得在中国有哪家公司面对比我们更残酷、更血腥的竞争，比我们更拼。外卖业务在规模和量级上面没有我们这么狠。"滴滴出行 CEO 程维在 2015 年接受李翔采访时说。

031

把最后的 10% 留给别人

历史学家尼尔·弗格森曾经写过罗斯柴尔德家族的传记，他在接受清华大学经管学院副教授何平采访时说，罗斯柴尔德家族会用两种非常特别的方法来维持财富。"第一是近亲通婚，这一习俗维系了整整几代人。第二是他们建立了一套相对风险厌恶和聚焦长期的商业模式。他们的投资非常长期，跨度可达三到四代人之久，眼光非常长远。对于风险厌恶，他们家族有一句名言：把最后的 10% 留给别人。虽然这在当时看上去是在帮助竞争对手。这两点让罗斯柴尔德家族保持了财富的长期积累，竞争对手则倒下了一批又一批。"把最后的 10% 留给别人是一种高明的竞争战略。它可以让一个公司享受到保留一个弱小的竞争对手的好处：避免进入彻底的垄断状态，监管方和大众都不喜欢一个绝对垄断的公司；有助于保持适度的竞争压力和对市场的敏感。

消费者买他的产品，而不买我们的产品，那他就是我们的竞争对手

阿迪达斯 CEO 卡斯珀·罗思德接受《北京商报》采访时说，阿迪达斯对业务的关注次序是：消费者、市场份额、盈利水平，最后才看竞争对手。在罗思德看来，竞争对手并不只是体育用品行业的其他品牌，而是吸引消费者的品牌。"我们对竞争对手的定义是，消费者买他的产品，而不买我们的产品，那么他就是我们的竞争对手。作为公司，我们关注的是消费者，而不是竞争对手。（我们的）竞争对手可以是耐克、安踏，或者优衣库，再或者是其他一些品牌。"罗思德说，在市场上经常可以看到一些小公司，它们对市场的反应速度更快，"如果只将那些大公司定义为竞争对手的话，可能会忽略这些对市场做快速反应的公司"。

033

我们都在争夺用户的屏幕时间

在被财经电视台 CNBC 问到"怎么看待视频网站 Hulu 正筹备推出流媒体视频服务"时，流媒体巨头奈飞的 CEO 里德·哈斯廷斯回答："流媒体视频服务提供商就像是电视频道，Hulu 就是另一个电视频道。如果观众在某些夜晚不看奈飞的节目，那他们会做什么呢？有时候他们会看电影，有时候会看体育赛事，有时候会浏览 YouTube、脸谱网或是 Snapchat（一款图片分享软件，编者注）。我们都在争夺用户的屏幕时间。你不是同某一家电视服务提供商竞争，而是同所有争夺用户时间的公司竞争。"哈斯廷斯还说，奈飞增加自制内容的数量，并不一定会导致公司财务压力的上升。"我们是一家市值超过 500 亿美元、负债只有三四十亿美元的公司，就好像你的房屋价值 100 万美元，但只有5 万美元房贷一样，没什么可提心吊胆的。"

如果我们不全力以赴，就不会成功

《商业周刊》问耐克创始人菲尔·奈特，面对着如此激烈的竞争，耐克该如何保持领先。78岁的菲尔·奈特回答说："这个产业一直都如此。即使在我们创业第一天，它就已经是个竞争激烈的市场，当时就有50多个竞争对手，其中最大的是阿迪达斯。每年都有一两家退出，又有一两家加入，一直都竞争激烈。如果我们不全力以赴，就不会成功。我们必须创新，不创新就会死亡。"

035

必须用战斗的方式去解决
被人卡住脖子的窒息感

京东集团 CEO 刘强东在接受央视《遇见大咖》栏目采访时，回忆 2012 年京东挑起的家电价格战。按照他的说法，2009 年京东开始进入大家电销售领域，但却一直无法打开市场。"所有家电（品牌）都不向京东供货，你只要敢供货给京东，别人就会把你的品牌从门店中撤掉。人家有 1700 多家门店啊，没有哪个品牌商敢冒这个风险。"刘强东最终的应对是掀起一场价格战。2012 年的 8 月 14 日，刘强东在微博上宣布，京东商城所有大家电在未来三年内零毛利销售，并且保证比国美、苏宁便宜 10% 以上。他说，这是被竞争对手"逼得没有办法，必须用战斗的方式去解决被人卡住脖子的窒息感"。在访谈中，刘强东还强势地表示，宿迁仍然有国美、苏宁的门店和各种各样的专卖店，这是"我们的耻辱"，并说要买下国美、苏宁周围的广告牌，至少买五年，"一直到它们搬离宿迁"。（江苏宿迁为刘强东的家乡，编者注。）

最有利的武器是差异化

微软全球资深副总裁洪小文接受腾讯科技采访时说，科技产业分水岭的重点并不是人口红利消失问题，而是"看未来能不能比其他人做得更好，其中技术只是一方面，而且要把技术用对"。"在接下来的竞争中，最有利的武器是差异化，拥有差异化可以让用户爱不释手。"他说，微软的人工智能战略方向主要是"对话即平台"（conversations as a platform，简称 CaaP）。"希望在服务、交互方面实现自然语言的对话方式。自然语言处理一直被称为人工智能最难解决的问题之一，语义理解就是其中的技术难点。微软能做到大部分的语义理解，但人类语言中非常难处理的是语气。这种结合了场景并含有情感和可表达诉求的部分，是机器人很难搞清楚的。就比如有时候人类说'不要做这个'，你回答说'OK'，而'OK'有好几种，有好的'OK'，有无奈的'OK'，有不想做的'OK'，人类语言有时候都没有上下文。微软在这方面一直没有放弃努力。"

037

关注自身和我们可以控制的事情，这件事做好了，也就足以应付竞争了

2016 年年底，星巴克 CEO 霍华德·舒尔茨对《中国日报》说，与大多数传统消费品牌不同，星巴克的品牌并不是依靠传统广告打造而成。"我们的声誉来自客户体验，而这种体验是由我们的员工——穿绿色围裙的合作伙伴提供的。"自 1999 年进入中国市场，星巴克在 110 多个城市开了2400 多家门店，舒尔茨说未来五年内，星巴克还将在中国每天新开一家门店，未来星巴克在华的业务规模可能会超过美国。舒尔茨认为，任何一家卖咖啡的公司都是星巴克的竞争对手，不过"我们一直关注的是自身和我们可以控制的事情，这并非自大，这件事做好了，也就足以应付竞争了"。

把取悦客户看得比粉碎竞争对手更重要

《快公司》杂志联合创始人比尔·泰勒在《哈佛商业评论》上说，很多人热衷于将体育和商业进行类比，从中学习竞争与成功、天赋与团队合作等经验，但泰勒认为这些经验不适用于公司创始人或者商业领导者这些角色。泰勒以美国橄榄球赛事超级杯为例："只能诞生一个冠军，留给另外的 31 支球队的只有破碎的梦想以及沮丧的粉丝。"商业竞争的逻辑全然不同，那些创造出极高经济价值的成功公司，把取悦客户、给客户惊喜看得比粉碎竞争对手更重要。"几乎所有行业都有容纳很多不同赢家的空间，每一个赢家都擅长服务市场的一个独特领域或者某一特定的客户群。"泰勒曾与电子杂志 Flipboard 创始人麦克·麦丘交流过对竞争的策略和做法，麦丘说："即使面对激烈的竞争，也不要在意，要真正做到不去想它们。要用用户反馈或用户调查来替代那些与竞争有关的想法。总之要以客户为主。"

039

过去 30 年，中国的企业家主要是发现不均衡，利用不均衡套利以及模仿

经济学家张维迎说，企业家的两个基本功能是发现不均衡和创造不均衡。均衡是一个经济学概念，指的是所有的资源和要素都得到了最有效地利用，因此也就没有盈利的空间。发现不均衡可以理解为发现机会；创造不均衡是指创造出机会。发现不均衡是一种套利行为，比如利用不同地区的价格差异，倒买倒卖。创造不均衡的例子，比如苹果公司的 iPhone，它出现后相当于创造了一个新市场。"过去 30 年，中国的企业家主要是发现不均衡，利用不均衡套利以及模仿。"张维迎说。"但是现在什么都不好卖，套利空间越来越小，模仿的空间也越来越小。所以中国企业下一步的关键是什么？就是中国企业家能不能从套利行为转向真正的创新。"

制造业的发展不是靠政策保护，
而是靠创新的市场机会

阿里巴巴集团 CEO 张勇 2016 年 12 月 21 日在杭州全球跨境峰会上发表了自己对制造业的看法："我们要对中国制造业改革的勇气、决心和创新抱有信心，这个市场不需要落后的产能，这个市场不需要低质的产品，因为消费者已经改变了，市场的力量一定会催生出一批创新的制造业，一批大数据驱动的、真正的 C2B（consumer-to-business，个人提供产品和服务给公司，向公司收费的商业模式，编者注）的企业，而这样的力量的发展是不可阻挡的。"制造业的发展，"不是靠政策来保护，一定是靠改革、靠创新的市场机会，产生新一代的全新的大数据驱动的制造业"。按照经济学家周其仁的说法，中国制造业正处在一个三明治夹心层的尴尬地位，成本优势不再明显，但又没有形成新的独特优势。但是，即使不考虑出口，中国国内庞大的市场也足以支撑新的有独特优势的制造公司崛起。

041

企业家精神不仅是经济和技术的，也是文化和心理的

经济学家许小年把企业家分为三类：交易型、管理型和创新型。交易型企业家指的是善于发现和捕捉市场机会的企业家。"当市场出现新的需求时，他会想方设法满足这些需求，在实现自身价值也就是赚到钱的同时，为社会创造价值。"在他看来，过去 30 多年中国成功的企业家中的大多数都是交易型。但随着中国经济的发展，未来留给这类企业家的时间和空间将越来越少。管理型企业家是指拥有管理才能的管理者，他们不只是简单地执行命令，也会在管理过程中创新。第三类是创新型企业家。创新型企业家通常需要和管理型企业家合作，因为很多创新型企业家不擅长做公司管理，早年的乔布斯就是如此。既然留给交易型企业家的机会不多，那么交易型企业家是否可以转型为创新型企业家？许小年的答案是："当下中国经济处于供给过剩的环境中，企业转型很困难，企业家很难从交易型转变为创新型，甚至很难转变为管理型。他们还在习惯性地问：

股市年底多少点？房价还能再涨吗？政府政策会有什么机会？还在做交易套利的打算，而缺乏创新型企业家的思维。我非常认同德鲁克的说法：企业家精神不仅是经济和技术的，也是文化和心理的，从交易到创新的转变，障碍主要是思维方式，文化上和心理上的。"

042

企业没有实体和虚拟之分，
只有好坏之分

马云在江苏省浙江商会十周年大会上，回应之前包括宗庆后、董明珠在内的传统行业大佬对他的质疑，说"新零售、新制造、新金融、新技术、新能源必定是未来"，希望企业家们"多花三分钟思考"。他不赞同把实体经济同虚拟经济对立的看法："生产制造是实体的一部分，流通更是实体经济的一部分。我希望大家不要把实体经济和虚拟经济对立起来，企业没有实体和虚拟之分，只有好企业和坏企业之分。"对于那些陷入危机的公司，"不是技术把你淘汰，而是落后思想把你淘汰；不是互联网冲击了你，是保守的思想、昨天的思想、不愿意学习的懒性淘汰了你，（是）自以为是淘汰了你"。他说："中国不是实体经济不行了，而是你的实体经济不行了。中国不是实体经济做不出来了，而是你的实体经济由于缺乏开拓精神和创新精神不行了。"

043

创造和商业没有什么不同

"创造和商业没有什么不同，一笔好的生意一定是建立在持续不断地创新、转型的基础之上。我将它们看作一个整体，把握两者之间微妙的平衡。"川久保玲如此回答关于她是一个创作者还是个商人的提问。川久保玲是日本最著名的服装设计师之一，同时也是时装品牌 CDG（Comme des Garçons）的创始人。

044

没有一个企业可以靠一个战略或一个业务实现一直成长

联想集团董事长兼 CEO 杨元庆在 CES 消费电子展上接受采访说，"任何一个企业都是螺旋式上升"，没有一个企业可以靠一个战略或一个业务实现一直成长，必须经过一段时间后就要"制定新的战略、开发新的业务"，经历徘徊和盘旋。联想同样如此：早年为跨国公司做代理，后来做自有品牌电脑，中间经历了对 IBM 个人电脑业务的并购；在个人电脑市场饱和之后，又开始进入移动业务和数据中心业务。杨元庆说，"从单一业务跨越到一个多业务的平台"是一个巨大挑战，是换"操作系统"，"过去是单任务的操作系统，现在要变成多任务的操作系统，是非同小可的事情"。在这个"操作系统"中，更难的是内部的管理系统和运营系统的重构，是"针对在不同发展阶段、对当前重要性不同的业务，用什么样不同的组织、不同的流程、不同的考核和激励方式来做"。联想现在内部的方法是"3×3"的九宫格。把业务装到九个格子里，这九个格子的横坐标是战略的重要性，从核心业务到增长业务再到次重要业务；纵坐标是发展阶段，投入期、盈利性增长期和盈利贡献期。

"针对不同的业务我们怎么进行管理，这是我们最近这些年投入精力比较多的课题，就是研究这个'操作系统'，而不是业务本身。"

045

当你想把任何行业里的老大和老二合在一起时，合并常常失败

企鹅兰登书屋 CEO 马库斯·杜乐盟接受腾讯文化采访时说，研究显示，当你想把任何行业里的老大和老二合在一起时，合并常常失败，而且不会给任何利益相关方带来好处。尤其在创意领域，"做大"往往并非最吸引人的方案。企鹅兰登书屋的做法是："为了避开合并后可能存在的风险，我们决定创造一个'最小的大公司'。我们在创意方面做'小'：我们有 250 个拥有独立编辑部的子品牌，它们是出版人才和作者人才的创意家园。但我们在营销方面保持'大'，以便拥有规模和谈判能力，找到最大的读者群。在创意的一面是小的，在受众和传播能力的一面是大的，这就是合并案之后的蓝图。"2013 年 7 月，全球两大出版集团企鹅出版公司和兰登书屋正式完成合并，合并后的企鹅兰登书屋拥有约 39 亿美元的年收入，年出版图书量超过 1.5 万种。

046

随消费者的需求即时、即地改变服务的形态

华硕董事长施崇棠 2016 年 11 月 9 号在日经全球管理论坛上说，无论时间如何推移，有些古老的商业智慧是始终不变的：首要的是顾客的快乐体验；第二，了解并深化自我的核心能力是成功的钥匙；第三，遇到最困难的问题时，要靠坚定的努力来克服。但是，在面对不断变化的世界时，也应该加入现代的应对策略，比如正在发生的第三次工业革命中，"所有的软件、硬件产业应该如同阿米巴变形虫的弹性变形一样，随消费者的需求即时、即地改变服务的形态，因为以消费者为中心的生产将使企业更具竞争优势"。

047

要想赢就先要输

宏碁（Acer）创始人施振荣出生于 1944 年，是台湾科技产业的教父之一。他也是微笑曲线理论的提出者。1992 年，施振荣提出要再造宏碁，微笑曲线理论就是他的策略依据。微笑曲线理论的大意是，在一条像人的笑脸的产业链曲线上，位于两端的研发设计与销售都拥有高附加值，中间的制造环节附加值最低。因此，公司要向微笑曲线的两端发展，在一端加强研发与设计，另一端加强渠道与营销。在接受知名媒体人陈文茜访问时，施振荣说，身处科技产业，他已经习惯"差不多每十年就要接受完全崭新的思维"。公司一定会经历各种挑战，而作为对挑战的回应，就是勇于变革。施振荣在宏碁领导的变革，所持的基本信念是"王道"，"不断寻找哪里能创造价值，同时建构新的利益平衡机制。""每一次变革时，我都会用这种简单的方法寻找突破点。"施振荣对输赢的态度也很有趣。他的理论是，要想赢就先要输。"如果要赢，你就不得不先认输。你失败是因为方法有问题，哪怕那是你过去引以为傲的经验，你也要放下。没办法创造价值，意味着原来建构的平衡机制已经不行了，这时候你需要改变思维。我常常讲，不打输不起的战，你要准备输。从失败、小错里面累积你的能量，能力就会不断提升。"

048

平衡就是静态，静态就是死亡

美的董事长方洪波在内部演讲中说，现在是全新的互联网时代，"破坏和颠覆是互联网时代的特征，现阶段管理创新和组织再造比任何的创新都重要"。"平衡就是静态，静态就是死亡。"方洪波对《第一财经日报》记者说，一切熟悉的管理模式都已经被互联网颠覆，包括制度、组织、企业文化、经营方法等。"一切评判标准都发生了变化，转型的最初阶段，美的遇到的阻力就在于传统化的企业管理思维。引入小米就是带来外部的思维，希望推动组织、思维上的变化，真正与互联网思维对接。"2011年，美的产品的型号有2.2万个，"连集团高管都无法分辨自家产品"。战略转型后，方洪波精简生产线，大幅减少产品型号，从2.2万个精简到现在的2000多个。2015年，美的与小米达成合作，重点在智能家居和移动互联网电商方面，美的不定期派员工到小米总部做工作交流。

049

在这个竞争激烈、不停分裂的世界，小心谨慎是最危险的道路

2010 年，帕特里克·道尔成为达美乐披萨的 CEO，那时公司增长缓慢，股价维持在 8 ~ 9 美元；如今达美乐是世界上第二大披萨连锁店，在超过 80 个国家有超过 12500 家分店，股价也升至 168 美元。2016 年 11 月，道尔在一个 CEO 峰会做了一次演讲，主题是如何把一家传统企业转变为由技术支持的、灵活的、打破企业分类的新型公司。

他说，达美乐必须同时是一家做披萨的公司、一家运输公司（因为要送披萨）和一家科技公司。因此，在转变过程中，达美乐做了三方面的努力。第一，达美乐总部的 800 名员工中，有一半人在进行软件和数据分析的工作，他们研究的技术改变了客户订餐（使用达美乐 App，或通过推特，甚至通过发送表情符号）、客户跟踪订单进程，以及达美乐运营的方式。第二，达美乐把运输视为业务的核心部分。达美乐与众包汽车设计师合作，创造了一款颜色靓丽、外形酷炫的披萨专用送货车，"要创造企业风格和幽默感来

陪伴蘑菇和胡椒"。同时达美乐也在进行机器人送货和无人机送货试验。第三，改进披萨的质量。道尔刚上任时，公司举办了一个活动，活动中消费者对达美乐公司披萨的评价是："是我吃过最难吃的披萨"，"酱料尝起来像番茄酱"，"外皮吃起来像硬纸板"。道尔也出现在活动中，接受批评，承诺要"日夜工作，周末加班"来改善披萨质量。披萨质量一变好，道尔就宣布在披萨之国意大利开达美乐分店的计划。

050

一味走老路肯定会遭遇厄运

《纽约时报》总裁马克·汤普森在 SXSW（South by Southwest 会议，始于 1987 年，是一个由音乐、电影以及互动三大领域构成的嘉年华，编者注）上说，《纽约时报》的目标是"比竞争对手更勇敢、更积极地试验"。他说："如果不尝试新事物，我们就无法生存下去。一味走老路肯定会遭遇厄运。我们想超越一些竞争对手，想变得更勇敢。我们希望进入新市场，明智地对待它。当今的新闻业存在一个大问题，那就是自满，我们不能这样，必须摆脱这个毛病。"他举了一个例子，《纽约时报》在制作 VR 内容上已经投入了 500 万美元左右的成本，而现在 VR 项目已经盈利，可以持续运营下去。

051

任何部分的现状都不应被依赖

微软 CEO 萨提亚·纳德拉在 2017 年 1 月 26 日的微软财报电话会议上说，"在微软的组织架构中，任何部分的现状都不应被依赖"，这也是他获得成功的秘诀。他说，以往，微软衡量业务成功的标准是软件在 PC 和服务器的装机量，而目前则是"云计算能力的消费情况"，接受这样的思维是一种"基础性转变"，这能确保微软专注于正确的事务，解决适当的问题。此前在给员工的邮件中，纳德拉解释过"增长心态"哲学的核心："我们需要愿意尝试不确定性，接受风险，在犯错时迅速行动。我们需要意识到，在成功的同时也会出现失败。"

052

拿着望远镜看不到敌人，
可能是因为敌人就在你眼皮子底下

复星集团董事长郭广昌接受央视《遇见大咖》栏目采访时说，他非常认同马云的一句话，要在阳光灿烂时修屋顶。"你要创新，一定要在企业好的时候，如果你那时候懈怠了，风雨来的时候你就完了。"郭广昌认为企业就像一支足球队："你要踢球吗？那你必须处于能踢的状态，要保持体能训练，要有协作精神，要有进攻意识，要有获胜的强烈的饥饿感。这些东西你没有，你可以休息，但你不能上场踢球。选择这条路，（然后）停在这里，可能吗？马云做这么大，他也停不住，他不可能停住。这是一个自然的竞争生态，逼迫你去做更大的布局，去取得更大的进步，去打磨更好的产品。"郭广昌说，自己绝大部分时候都特别小心，"如履薄冰、如临深渊、战战兢兢、兢兢业业，永远想着风险要来了，永远想着自己现在看上去很好可能是一俊遮百丑……你不知道周围悄悄地在发生太多的变化，拿着望远镜看不到敌人，可能是因为敌人就在你眼皮子底下"。

053

为了创新而创新，工作反而容易变形

腾讯公司董事局主席兼 CEO 马化腾在 2016 年乌镇互联网大会回答媒体提问时说，创新是所有高科技公司最重视的，同质化意味着第二天你的产品就不能脱颖而出了，这是一个生存的压力。"但是为了创新而创新，工作反而容易变形。"他说，事后回头看腾讯的很多创新点，搞一个创新部门，只干创新，是肯定不行的。"我们也走过弯路，我们过去搞了一个研发中心，说你们就干创新，结果发现干的都是重复性的产品工作，并没有做到真正的创新。我觉得更需要关注的还是，要把为用户服务的意识灌输到每一个产品、设计和每一个运营的员工心里，而不是为了完成领导交代的任务、一个 KPI。我们张小龙在内部也是说，不要掉入 KPI 的陷阱，不要为了 KPI。"

不要轻易放弃自己的主业,
不要做出过激的投资

在被问到对传统行业转型的建议时,经纬中国创始合伙人张颖回答说:"你必须花时间在正确的人上面,做正确的交流。互联网冲击没有那么可怕,一个根基非常深的实业没有那么容易被互联网打倒。把节奏把握好,不要轻易放弃自己的主业,不要做出过激的投资,把自己卖一双鞋、卖一件衣服辛辛苦苦积累的所有利润轻易拿去投资,比去澳门挥霍还浪费得彻底。实业切换到投资,需要很严谨的思考,以及正确的节奏、步伐、心胸和团队。"

055

大多数成功的企业家其实都很谨慎

沃顿商学院教授亚当·格兰特在《原创力：标新立异者如何推动世界》一书里说，大多数成功的企业家其实都很谨慎，不像通常人们认为的那样，属于敢于冒险的激进分子。他们会很认真地权衡风险、管理风险。他们更擅长在现有想法上加以改进，而不是完全地原创。但是在认为自己找到了新的问题解决方法时，他们敢于大胆挑战现有的公认的做法。"每个人都有如何将世界变得更美好的见解"，但这些人不同，他们不仅能提出想法，还能将想法付诸实践。

大多数创业，都会在起跑线经历
比想象中更长的时间

宏碁集团创始人施振荣在财经网的活动上说，大企业的转型比创业更加费力。"大多数创业，都会在起跑线经历比想象中更长的时间，在生存边缘奋斗许久，但只要'气够长'，不打输不起的仗，就有机会建立成功的商业模式。"但大企业的转型和创业不同，创业的成长曲线基准点是从零开始，而大企业的转型与变革起始点，"大部分不是零，甚至反倒是负数，并且在达到零这个基准点之前，还要对抗一条失速下滑的负价值曲线"。"这条曲线影响的不只是财务数字，还包括无形的信心和惯性。"在大公司里，怎么让小的新事业部发展起来并塑造良好文化，"讲起来简单，实际上很难"。"因为本质上是从 0 到 1 的创业文化与从 1 到 N 的专业文化之间的冲突，一种是创造新的价值和盈利模式，一种是复制现有模式赚取规模利润。"施振荣的做法是，"为小的新事业部门提供宽松的环境并有效地组织起来，而不用原有严谨的制度去限制它们弹性地去摸索"。

057

不能听领导的，也不能听顾客的，应该听数据的

奈飞首席产品官尼尔·亨特在硅谷丘吉尔俱乐部论坛上说，大多数公司犯的最大错误，是在选择产品战略时听了"组织中薪酬最高的那个人"的意见。另外比较常见的错误是听从顾客的意见，但"顾客其实并不知道他们需要什么"。亨特说，奈飞从1997年创立至今，一直都是数据统领公司。这意味着要做大量的A/B测试，同时还要接受高失败率。A/B测试是指为同一个目标制定两个方案，一部分用户使用 A 方案，另一部分使用 B 方案，然后记录下用户的使用情况，看哪个方案效果更好。奈飞曾有一项重要的设计更改做了600次测试，但只有150次做到了让测试用户满意，也就是说其他450次都失败了。这种做法很艰难，因为产品的每次改变都得靠用户的反馈来一点点改善。奈飞如今在全球拥有超过8000万订阅用户。亨特说："奈飞拥有前所未有的数据水平，它帮我们决定我们应该制作哪些剧集和电影。而且，我们有相当的把握能预测到哪些人会喜欢看。"

我们需要走难走的路

美国航天公司 SpaceX 联合创始人汤姆·穆勒在与纽约大学天文学俱乐部成员交流时说，未来，大多数竞争对手的日子只会越来越难过，因为 SpaceX 公司的"火星火箭"才是真正改变游戏规则的产品。"我们将极大地降低成本。因此，一旦我们开始发射这种火箭，其他所有火箭都可能会变得过时。"SpaceX 开发了可部分重复使用的猎鹰 1 号和猎鹰 9 号运载火箭，这让火箭发射成本大幅降低。穆勒还提到了他的老板埃隆·马斯克："一群人坐在会议室里商讨某个重大决定，房间里的每个人都会说'我们需要向左转'，马斯克则会说'不，我们要向右转'。这就是他的思维方式。他会说：'你们就喜欢走捷径。我们需要走难走的路。'"

059

战术上两点之间距离可以最短；
战略上两点之间距离永远最长

阿里巴巴集团 CEO 张勇跟团队分享他自己的感受时经常
说，在战术上，两点之间可以实现距离最短；在战略上，
两点之间距离永远最长，因为，只要战略一有进展，就需
要调整，"本来朝着这个方向走，以为要到终点了，但做着
做着发觉不对，要调整"。在战略的执行过程中，最怕的是
"走回头路"，"有些东西坚持就是胜利，特别是新业务，核
心就是信仰和坚持"，但是大方向要"对一下"，"（看看）
到底是顺势而做还是逆势而做"。"顺势而做，扛着扛着，
越扛越轻松；逆着潮流、逆着消费习惯的变化，逆着商业
的变化去做，会越来越累。"张勇把阿里历史上的关键决
策总结为几次"分分合合"：2004 年，支付宝从淘宝独立
出来，奠定了今天阿里的基本格局，即阿里巴巴集团和蚂
蚁金服；2008 年，把广告营销平台阿里妈妈重新合并到淘
宝，阿里巴巴成为淘宝商业化的主体；2011 年，把淘宝拆
分为三家公司：淘宝网、天猫和一淘。

060

真正的认知需要通过行动来展现，行动一旦缺失，认知容易陷入误区

猎豹 CEO 傅盛在自己的微信公众号发表文章说，所谓成长就是认知升级。但"真正的认知需要通过行动来展现，行动一旦缺失，认知容易陷入误区"。他总结了两个认知误区，第一个是"以为自己知道"。他回忆当年周鸿祎和李彦宏之间的搜索之争："老周一度总结为不小心把公司卖了，百度没卖。他没想到，当时李彦宏对搜索的认知远高于他。老周不愿打硬仗，不愿打重型战役，不愿搞大研发，不相信算法。那时候卖，本质上是打不下去了。可他不这么认为。"傅盛说："自我否定，就是假设自己无知，是自我认知升级的唯一路径。不做痛苦的自我否定，认知上不了一个新台阶。即使正确信息摆在面前，你也会视而不见。这基本是区别英雄和凡人的唯一机会了。"第二个误区，是自认为很重要，但没有转化成行动。傅盛举的例子是他对今日头条的理解："两年多前，我说今日头条就是移动端的搜索。我当时认为挺重要的，一直到 2015 年第四季度，我

才开始召集人马，着手今日头条的海外业务……不行动的认知，就是伪认知。炫耀自己知道，有什么用？一个浪潮打过来，认知就没了，如同没有。真正的认知，必须知行结合。"

从更长远的角度看，
即时反馈并没有意义

AWS 的 CEO 安迪·雅西说："我们在亚马逊学到的是，一个事物刚出现时，你很容易觉得它新鲜，但你无法预知消费者会对这个东西有什么样的反应。所以我们很久以前就不再预估一个项目在头几年会变成什么样子，因为从更长远的角度看，这样的即时反馈并没有意义。哪怕这个项目与我们的核心业务完全不同，我们也会继续。"亚马逊云服务就属于这种类型。亚马逊内部非常鼓励这种不同领域的尝试和探索，CEO 贝佐斯就曾说过："我非常确定，我们会是第一家同时拿下金球奖、卖出很多家用电钻和婴儿尿布的公司。"

062

股市这个公众投票机器，
将加速对短期利益的思考

2015 年 6 月，推特的股价持续低迷，CEO 迪克·卡斯特罗宣布卸任。在任职的最后一天，他接受《卫报》采访，说自己低估了上市带来的压力："上市之前，你想的总是公司的长远利益；一旦上市，你就进入了 90 天的节奏，股市这个公众投票机器，将加速对短期利益的思考。"卸任后一个月，卡斯特罗去给美剧《硅谷》做了顾问。《硅谷》第二季的大结局是初创公司的创始人兼 CEO 被董事会开除。"我能理解那个处境下的每一个人，无论是下台的创始人、即将上任的新 CEO，还是目睹一切的员工。"卡斯特罗说。

063

把你拖至破产的往往是不好不坏的选项

奥可堂唱片公司的联合创始人兼总经理大卫·博克森鲍姆说："最好和最差的艺人都好办，就是那种不温不火的艺人才让人头疼。对于顶尖艺人，你只要推波助澜就行；对于不好的艺人，你会立即意识到错误，只要收手减少损失就行。但那种差强人意的艺人，你会觉得他们资质不错，应该能在短时间内大获成功，所以你会不断地为他们投钱，但也只有他们才会拖累你破产。"奥可堂唱片公司成立于2000年，它因对新乐队的发掘而一鸣惊人。奥可堂唱片公司签约的前两支乐队都大获成功，它们是魔力红（Maroon 5）和飞叶乐团（Flyleaf）。这种现象不只出现在唱片公司，有一种错误叫"过度投资"，也就是你会不断加码，想要证明自己的选择是正确的。最容易诱使这种错误产生的，正是不好不坏的产品，它会带来"再坚持一下就会成功"的错觉。

064

并没有所谓的"数字营销"和"传统营销"之分,只有营销

营销专家塞缪尔·斯科特在技术新闻网站 TechCrunch 发布文章说,现在对社交媒体营销和数字营销的推崇有点过头,"并没有所谓的数字营销和传统营销之分,只有营销"。时髦的说法如"脸谱网营销"和"社会化媒体营销"等,混淆了渠道和策略。脸谱网和社会化媒体都是营销渠道,而营销同时还需要策略和内容。数字营销的简单粗暴最终会造成"慢性自杀":人们会容忍线下广告和宣传活动,甚至会推崇那些有创意的营销活动,但痛恨线上广告并且尽可能加以拦截。"整个营销界都试图回答一个存在缺陷的问题——在网站上发布怎样的内容才能获得最大流量和最多潜在客户?而实际上,他们真正要问的问题是:'在互联网出现之前,你是如何进行营销的?'找到这个问题的答案同样有助于你开展线上营销。"

企业必须像树一样从下往上生长

管理学者肖知兴比较了 1941 年出生的牟其中、1944 年出生的任正非和 1964 年出生的唐万新三位各领一时风骚的企业家。他称牟其中是以"政治家""玩政治"的手段做企业，唐万新是以"金融家""玩钱"的手段做企业，而任正非是以做企业的手段做企业。牟其中和唐万新先后锒铛入狱，任正非则算是修成正果。"三个企业家的案例形象地说明，企业必须像树一样，从下往上生长。首先是扎根；树根扎稳了，再长树干；然后是枝与叶；最后才是花与果。企业必须守住为客户创造价值的根本（树根），然后打造干部团队（树干），培养组织能力（枝叶），最后才有源源不断的业绩和成果（花与果）。因此，从上往下打的路数，基本都是歧途。"牟其中式的从上往下的打法，即从政治和政府向商业蔓延的打法，"大多数情况下，既是形象工程，又是腐败工程"。唐万新式的从金融和投资往实业做的打法，往往变成"题材工程"："根本目的是圈钱，结果不是散户遭殃，被人当韭菜割，就是 LP 遭殃，被一个又一个 2VC 的商业模式忽悠。"而从营销和媒体开始从上往下的打法，往往变成"吹牛工程"。"说实话，一个真正全心全意为客户服务的公司，反思、总结、提高都来不及，怎么可能会花那么多时间去做那些自吹自擂的事情呢？任正非二十多年只见客户，不见媒体，背后有个性的原因，也有逻辑的必然。"

企业价值的三个层面

万达集团董事长王健林说，企业的价值可以分为三个层面：存在价值、市场价值和社会价值。企业的存在价值分为两点：首先是生产合格的产品，其次是要盈利。"企业不赚钱，应该说是不道德。"不赚钱的公司"是对社会资源的极大浪费"。"一段时间里，出现了一种奇怪的现象：企业不赚钱，而是持续地讲一个故事；靠股东持续地投入，居然还可以把泡吹得很大，估值还很高；很多这样不赚钱的企业还能上市，上市又持续多年，继续存在。这都是不合理的。"市场价值是资本对公司的定价，上市公司的是市值，非上市公司则有估值。王健林说，衡量企业的价值，不能以销售额作为价值导向。"现在市场上出现了一些不合理的价值导向，企业不是以利润和市值作为它追求的目标，而是单纯追求销售额的大小。"企业的社会价值则是，"企业的目标取向、价值取向和社会是一致的；企业的利润诉求和群众、政府也是一致的"。

067

为什么小目标要定在一个亿

2015 年 10 月，联想之星教务长周自强离开联想之星，创办了办公服务解决方案公司星空时间。他在接受新浪科技采访时说，王健林说先实现一个亿的小目标是有道理的。为什么是一个亿，不是一千万，也不是十个亿？周自强认为有几个原因：第一，营收达到一个亿的时候，企业才算进入相对安全的状态，接下来的挑战是愿不愿意往更大规模走；第二，营收一个亿时可以保证一两千万的利润，资金上可以维持一个精干团队，而且大家收入比较好；第三，按照 10 ~ 20 倍的 PE 值（市值与利润比），投资人可以拿到 10 倍左右的回报，对投资人也有交代。

互联网产品的比拼，核心并不在于资金、团队人力，而在于好的产品、好的运营

腾讯联合创始人张志东在青腾大学分享做产品的经验时说，他曾见过不少公司在有了资金和团队规模后，以高举高打的方式，调动大量人员杀入一个领域。"这种高举高打的方式，展现了领军人的决心和意志，在以商品销售、渠道为重的传统行业，会有一定的振奋团队士气的作用。但在互联网业，我个人感觉其作用非常有限。……互联网产品的比拼，核心并不在于资金、团队人力，而在于好的产品、好的运营。一个大型的团队，缺乏产品精神和产品文化的凝聚时，即使有资金、有人力、有战略研究，也只是（有）一些辅助的资源而已，容易虚胖，并不能提升产品创造力……如果一个团队未经历过从0到1的小团队精神的洗礼，只是依靠资金和资源过快膨胀，就只是一种虚胖，无论引入多少管理工具，也无法改变团队内在的产品精神的虚弱。这种高举高打的组织方式，本身并没有多少产品的灵魂，失败的概率是极高的。"公司变大之后在产品上会犯

的另一个错误，是不愿意承认过去的明星产品其实已经老化。"世界快速改变时，高大上的团队就容易反应迟钝，后知后觉。团队为了延续组织的存在感，会陷于各种自上而下的强压式的勤奋。但这种勤奋和努力并不是基于用户痛点，往往会变形为各种小聪明式的透支式运营，用户其实并不喜欢，团队也不会开心，最终也会导致失败。"

每家公司都应该做它们最擅长的事情，你并不需要去做出世界上的每种产品

苹果联合创始人史蒂夫·沃兹尼亚克2017年4月21日接受《财富》杂志采访时说，他和乔布斯创建苹果的时候，对商业一无所知。"我们当时认为，你在家里创业，做出一个产品，然后开始卖钱，最后你就永远拥有了你的公司。只要你的公司在赚钱，它就永远不会消失。这就是我当初所想的公司运转的方式。可是现在，硅谷公司的运作完全是另外一个样子。"现在很多公司是由商人创办的，不是工程师创办的，工程师和商人不同，"工程师会问什么样的产品最酷、什么能让世界变得更美好"。史蒂夫·沃兹尼亚克说："我不投资，我不愿意碰钱，因为我担心它会腐蚀我的价值观。每家公司都应该做它们最擅长的事情。苹果的伟大之处在于它维护自己的品牌，按照某种方式去打造产品，这就是苹果扮演的角色。这是一个很重要的角色，你并不需要去做出世界上的每种产品。而持有苹果股票的人只会说'不不不，你要推出新的东西'。硅谷人总是不断在追逐新事物，永远也停不下来。除非你聪明到知道停下来。"

070

持续说"不"，直到满意

鲍勃·梅塞施密特曾在苹果手表研发团队工作过三年。他对《快公司》杂志说，在苹果的工作经历让他学到了两点经验。一是习惯别人的否定。在苹果，创意变成产品的比例相当低。有人会感到沮丧，他们觉得"我拥有世界上最好的创意，但是大家老是否决我的提议"。但这正是乔布斯提倡的。乔布斯认为，苹果要保持说"不"的能力，除非产品真的无可挑剔。梅塞施密特说："在苹果我学到了重要的一点：持续说'不'，直到满意。"二是工程师与营销人员相互独立。如果你跟苹果的工程师交流，他们会说："所有决策由我们拍板，营销人员无权过问。"而跟营销人员开会，他们会说："苹果的所有决策都由我们说了算，工程师不会做任何决定。"乔布斯确立了这样的架构，两个部门间没有多少交集，"一件事情的发起与放弃全都通过 E-Team 团队（高管团队）执行"。"正是这样一种架构使两个部门的人都认为自己才是掌舵者。"

如果你让工程师来掌管公司，
他们会发明非常神奇的技术

戴森全球 CEO 马克思·康岑接受 36 氪专访时说，戴森对自己的定位是一家科研公司，而不是家电企业。"戴森每周在研发上投入 700 万英镑（约 5900 万人民币），在全球拥有 2000 多名工程师和科学家。最后把新技术集合起来去形成一个产品时，我们的定价不会低，否则就没有后续投入来进行未来的研发。我认为，当产品足够好，市场就一定会欢迎我们。"他说，戴森之所以愿意在研发上大规模投入，一是因为他们是家族企业，二是因为公司的工程师 DNA。"如果你让工程师来掌管公司，他们会发明非常神奇的技术；让商人来管理公司，他们可能只想做当下的小生意，没有未来的大格局。"

072

用"千分之一"的概率去选择
最终可以被摆放在货架上的产品

名创优品 CEO 叶国富接受《快公司》采访时说，产品设计
是公司的灵魂，公司"将资金用于产品研发，用'千分之
一'的概率去选择最终可以被摆放在货架上的产品，用设
计主导市场"。在商品抵达货架时，所有复杂的流程就已经
全部完成。"最终呈现给消费者的，是丰富的产品种类，而
每个种类的产品大多只有一两款，方便消费者在最短的时
间里做出选择，买或者不买。用多品类、精款式的产品组
合加快购买速度，这也是设计的作用之一。最终，就是让
销售简单，购买简单。"

要让业务在大致方向上摸索出
自我成长的方式

接受浙江在线采访时，网易 CEO 丁磊说："大企业都会有自己的发展方向，但这个方向一般是宏观上的，不会特别地具体，因为业务有自己的延伸性，我们要让它们在大致的方向上摸索出自我成长的方式。"丁磊说，尽管网易很少提"战略"和"布局"，外界仍可以看到一个大方向——做创新和匠心的产品，做符合用户需求的产品。"创新是个宏观的词，一些产品的功能改进是创新，人工智能、VR 也是创新。创新的目的是推出更好的产品，走进更多人的日常生活。另外一个是匠心，不停雕琢和优化产品，不盲目为了迎合市场而去做布局。"

074

用最简单的方案，做一件最复杂的事

阿里巴巴集团 CTO 张建锋在内部开会时说，他去硅谷看了当下大热的自动驾驶技术，引起他们很大震惊的不是自动驾驶技术有多么炫，这个事情有多酷，真正打动他们的是，人家用五个简单的商业用摄像头，就能够做自动驾驶。"这件事给我们的反思是，用最简单的方案，做一件最复杂的事，才能证明你有真正的核心技术能力，而不是把方案做得多天花乱坠、做得多复杂。要用简单的方案做复杂的事情。"

通往伟大作品的道路之一是蛮力

脸谱网的产品设计副总裁 Julie Zhuo 在博客发布平台 Medium 发表文章说，通往伟大作品的道路之一是蛮力，如果你尝试过所有可能的变化，就会得到最好的解决方案。她曾认为优秀的设计来自天才设计师才华的闪现，现在她意识到，一个设计师向她展现的完美设计可能是他在与她同等技术水平的基础上，对于每一种可能的组合、样式、行高、颜色和其他的元素尝试过大约 100 种复杂布局的变化后得出来的。蛮力可能是枯燥无味或者无聊的，但每个伟大的设计师都要脚踏实地地走过这条蛮干的路，"试图尝试太多的捷径是大多数设计师成长缓慢的原因"。

经营就是与矛盾争斗

优衣库创始人柳井正接受台湾《商业周刊》采访时说，经营者必须具备四个能力，即变革能力、获利能力、领导力，以及追求理想的能力。其中，最重要的是追求理想的能力："自己的事业是为了什么存在？是因为什么而为世界提供服务？谁是你的顾客？怎么样才能以自己的力量，对世界有所贡献？"柳井正说："现实与理想，看起来彼此矛盾，但是如果没有这两者，就无法顺利发展事业。经营就是与矛盾争斗，如何弥补这两者（现实与理想）之间的差异，就是经营的意义。"年轻时的柳井正也只知道埋头工作，拼命苦干，根本没想过使命感，后来他领悟到："只要还没清楚决定到底要爬哪一座山（使命目标），就没有办法朝对的方向前进，这样不管再怎么努力，也没有结果。经营就是这么一回事。"

IQ 是保持不败，EQ 是保持成功

阿里巴巴集团董事局主席马云在《南华早报》中国年会上说，做企业有三个关键——IQ、EQ 和 LQ。"成功靠情商，EQ（情商）极高的人很容易成功，但是他们的 IQ（智商）一般不太高，因为聪明的人不太学习。所以，IQ 是保持不败，EQ 是保持成功。一个优秀的将军不在于冲锋陷阵，而在于撤退的时候，你是否把阵布好，冲的时候大家是否都往前冲。"除了 EQ 和 IQ，马云认为，还有一个关键点是 LQ，爱商。"没有爱商，你哪怕很有钱都不会得到尊重。EQ 是对人的了解，LQ 是你对世界有大爱之心，不是滥爱，是有原则、有底线（的爱）。"

078

砍掉高层的手和脚，砍掉中层的屁股，砍掉基层员工的脑袋

华为资金风控部前负责人卞志汉在公众号"华夏基石e洞察"上说，华为团队合作文化是任正非用一套简单的规则"砍"出来的。"一砍，砍掉高层的手和脚；二砍，砍掉中层的屁股；三砍，砍掉基层员工的脑袋。"砍掉高层的手和脚，是说高层干部不能习惯性地扎到事务性工作中，要"头脑勤快，而不要用手脚的勤快掩盖思想上的懒惰"；砍掉中层的屁股，目的是要"打破部门本位主义，不能屁股决定脑袋，要走出办公室，下现场去市场，实行走动管理"，坚持以客户为中心，不能"屁股对着客户不理不睬，眼睛对着老板揣摩心意"；砍掉基层员工的脑袋，"不管你是硕士还是博士，必须遵守公司的流程、制度和规则，把事情简单高效地做正确，不需要自作主张"。

最大的障碍是中层，
中层一般都喜欢保持现状

百度总裁张亚勤在博鳌亚洲论坛上说："一般公司的最高层都是希望创新的，因为他会看到市场的变化和公司的危机；一线的工程师也是需要创新的，因为他看到用户的反馈，看到产品遇到的问题。最大的障碍是中层，中层一般都喜欢保持现状。所以我在公司里，很多时候就是要绕过中层找到真正的创新者。"按照他的经验，创新者有三个特点：第一，创新者都愿意思考和批评；第二，和创新者谈话，谈一个小时，你会发现他们有闪光的想法；第三，他们不仅仅有好的想法，也愿意去找资源和方法，让想法变成现实。

080

"线粒体"员工

风投公司 Greylock 的合伙人莎拉·塔维尔说，创业公司里最常见的员工有两种。第一种员工工作很努力，有些还有自己擅长的技能。但说到底，创业公司对他们来说只是一份工作，付出劳动获得相应的回报。只要心态上没有不平衡的地方，并且跳槽后工资变化不大，他们就很稳定，不会考虑离开。这种员工是理性行动者，他们给公司带来的价值基本以"线性"方式增长。第二种员工相信自己有使命，会把热情全部投入公司，他们非常努力，常常主动工作到很晚，会不断追问：怎样才是对公司最好的方式？这种员工会努力践行公司的价值观，他们给公司带来的价值远超具体的工作内容。塔维尔认为第二种员工是公司的"线粒体"(细胞中制造能量的结构，为细胞提供能量)，创始人的任务就是要在公司各个成长阶段，吸引和保留住这些"线粒体"。创业早期，这些"线粒体"就是公司核心；当公司开始规模化，这些"线粒体"会成为领导者。

将一流公司与普通公司区分开来的，
是它们调度人才的方法

贝恩咨询公司的迈克尔·曼金斯在《哈佛商业评论》发表文章说，他们在研究了 25 个跨国公司，调查了 300 多名大公司高管后发现，一流公司与普通公司里顶尖人才的比例接近——基本是每 7 个雇员中有一个顶尖人才，顶尖人才比例在一流公司是 16%，在普通公司是 14%。真正将一流公司与普通公司区分开来的，是它们调度人才的方法。曼金斯说，调查中发现了两种截然不同的人才调度模式：一流公司有意实行不平均主义，他们会把顶尖人才放在对公司有巨大影响的位置上，公司大部分关键业务都由顶尖人才掌控，顶尖人才聚集在那些能够使他们发挥最大作用的地方；普通公司则在无意中实行了平均主义，这些公司将一流人才不多不少平均分配到各个团队中，每一个团队都拥有相同数量的顶尖人才，每个团队在公司中的角色也不会比其他的更重要。

082

CEO 需要警惕组织变革中的两大威胁：
损失规避心态和从众行为

科尔尼公司全球合伙人肖恩·瑞安对《哈佛商业评论》说，CEO 需要警惕组织变革中的两大威胁：损失规避心态和从众行为。损失规避是指"我们对损失的担忧程度大于对成功的喜悦和渴望程度"。"一般人只有潜在收益超出潜在损失两倍时，心里才会觉得平衡，所以当某个事件的成功和失败概率各占一半时，他们往往会犹豫。在组织层面，个体规避风险的行为集合起来会形成强大的组织惰性，最终导致拒绝改变、组织僵化并逐渐面临风险。"对于重视转型机遇并能承受风险的人来说，还有一个潜在影响因素是从众行为。"这些人有着更好的判断力，但是其中一部分人还是容易受到周围同事的影响并与之趋同。他们会向大多数人的意见低头，对于某些决策即使有不同想法也不会提出反驳并坚持己见。很少有人有勇气选择孤军奋战。"因此，他建议公司 CEO 采取四种方式来摆脱这两大威胁：一、利用特殊事件或重大事件重新设定公司方向，顺势推动变革，特殊事件包括管理层变动、兼并、股价巨幅震荡等；二、通过强调损失程度，定义"如果无法转型"的严重后果；三、为转型创造独立的思维和物理空间；四、公开支持并对选定的变革领导者提出具有挑战性的要求。

083

扩张期，让老员工去做新事情

滴滴出行总裁柳青接受《快公司》采访时说："我们的原则是，派遣'老'员工——在公司就职超过两年的人——尝试新事物。因此，每开始一项新业务，我们就会安排熟悉团队文化的员工负责。这让沟通成本大大降低，毕竟这个人对公司了若指掌。"

笨蛋战术

日本"经营四圣"之一，86岁的稻盛和夫在发表关于如何培育人才的演讲时说，京瓷公司还在创业期的时候，他总是感慨，"进到京瓷公司的都是一些笨人"，就是认真老实但不那么聪明伶俐的人。偶尔有些能干的人加入，他就会寄予厚望。"然而，现实的情况却是，我一心想留住的优秀人才，可能是因为头脑好使吧，他们很快就看不上手头的工作，看不起我们这个小企业，不久就辞职而去了。而留在公司里的人，我的用词可能不当，都是我原来并不看好的那些'愚笨'的人。"这种情况下，他必须想办法把这些平凡的人变成得力的领导者。稻盛和夫的做法首先是不在乎那些认为 CEO 要放权，不应该事必躬亲的批评声音，"特别是中小企业，可以依靠的人不多，社长更要率先垂范，付出不亚于任何人的努力"。其次，在做业务扩张时，采用"笨蛋战术"。对于当时的京瓷而言，是海外扩张。稻盛和夫的做法是，把第二、第三把手留在大本营，他亲自出征，带人时，选择能力较差和不够成熟的人。"我把这些'笨蛋'集合起来，去攻占新的市场……'笨蛋战术'有两个好处：一个是稳守大本营，一个是培养人才。无论是进军海外还是开拓新事业，我几乎都靠这一战术获得了成功。"

24 小时机制

《中国企业家》杂志的记者问京东 CEO 刘强东，如何在公司越来越大的情况下解决效率问题。刘强东回答："通过文化的推动，还有体系的建设。老板个人的价值文化，永远决定了整个团队的价值文化。你自己要快速决策，要定一下制度。比如说我们有一条规定叫 24 小时机制，当一个下级对上一级有任何请示汇报的时候，上一级在 24 小时之内必须给予回复，必须是给'yes or no'，不允许含含糊糊。为什么定 24 小时？全世界飞行时间最长的就是从悉尼飞到阿拉斯加的 17 个小时。（即便你有 17 个小时在飞机上，）24 小时你还剩 7 个小时去思考，这就足够了。如果管理者 24 小时不回复，年终考核的时候下级对他就会打低分。"

086

改掉一万个细节，
整个组织的文化或许才能改善

2017年年初，《财富》中文版把美的集团总裁方洪波评选为年度中国商人，称其为"中国最成功的职业经理人"。方洪波在2012年接替美的创始人何享健，成为中国最大家电公司之一的董事长兼总裁。《财富》说，继任之后，方洪波对美的的组织和文化进行了一些改革，他想要"切掉总部与一线之间的繁荣层级，形成一个高度扁平的管理体系"。这些改革中让人印象深刻的是一些细节：在美的集团大楼，高管们曾有一部专用电梯，方洪波取消了这项特权；在发现高管秘书会提前按电梯等老板来时，方洪波斥责了这些秘书，然后规定，公司副总裁以下不得配备秘书，而以前公司总监就可以配秘书；公司原来的300多间高管独立办公室被削减到不到30间；高管的"小食堂"也被取消。方洪波说："改掉一万个细节，整个组织的文化或许才能改善。"

做最没有权力的 CEO

芬兰手游公司 Supercell 的 CEO 伊尔卡·帕纳宁在英国电视和电视艺术学院（BAFTA）的讲座上说，传统的公司结构是由上而下的，位于金字塔顶部的一个或一小部分人做决策，他们对于要做什么游戏、人们想玩什么游戏都有自己的看法。"他们有创意控制权，所有下属都必须按照他们的想法做事。有时候这种模式非常成功，欧洲很多传统游戏业大亨都是这么发展起来的。"但到了特定的时间点，"最优秀的人就会受不了这样的环境，他们开始离职"。"传统的金字塔式公司更像是工业时代的产物，在流水线工厂里，质量要求是规定好的，工人们所做的就是日复一日地重复同一件事，不允许犯任何错误。这种做法和游戏业，甚至是所有创意行业都是对立的。"因此，帕纳宁在公司采用的模式是"把金字塔倒过来试试"，"真正的明星应该是实际创造游戏的人，应该让开发者们来决定"。"管理层、CEO 和其他人应该确保他们可以专注于游戏的创造，为他

们创造最好的研发环境，然后不阻挡他们的创意，让他们
创造伟大的游戏。"他说，"我在 Supercell 的目标是成为
最没有权力的 CEO，因为我做的决定越少，真正参与研发
的开发者们就有越多的创意自由，他们做的决定越多，游
戏开发就会越快。而且很大的可能是，这些决策往往更好，
因为决策者是真正接触游戏研发的人，Supercell 大多数优
秀的决定也都是这么来的。很多非常棒的想法我都是最后
一个知道的，这就是世界上最没权力 CEO 的意思。"

在一个组织里，每个层级、每一个人都应该有相应的权力

海底捞很著名的一条政策是，服务员可以决定打折和免单。有人就问海底捞董事长张勇这样怎么控制成本。张勇说："我不知道成本怎么控制，但是我觉得在一个组织里，每个层级、每一个人都应该有相应的权力。打折免单这个权力由董事长或者店长来控制实在没有道理。我觉得就应该由服务员来控制，因为只有他才知道，是不是把油撒客人身上了，或者菜是不是咸了。他有权力根据这些判断是否打折或是免单，至于他是否会因为贪心给朋友打折而给公司造成损失，这些可以事后评估。"张勇说："如果一个人身处在一个公平公正的工作环境下，而他又有一种务实的工作态度和相应的人事、财务和经营的权力的时候，他的创意和创新会在这个组织里面像自来水一样源源不断地流淌。"

089

公司是一个空气很湿润的集体

柳传志说，虽然现在很多人都觉得他和蔼可亲，不过，早年老联想的人都见过他"狰狞的面目"。"因为当年企业小，要努力办大，中间要做很多很多事，脾气会很急。后来我是把脾气收敛回来变成现在这样了。"他是如何做到的呢？1992年时，他无意中听到一个年轻领导跟下边人说，柳总为什么有魅力？柳总会发脾气，一发脾气说话说到点上。"这话听完以后我就害怕了。我发脾气我基本认为是有道理的。但是后边人要是有样学样，也学发脾气呢？公司的空气就会干燥。一级一级往下发脾气，大家来了就像军队那种劲头。我希望公司是一个空气很湿润的集体，大家敢于对上边提意见。后来我就开始控制自己，我就真的不再发脾气了。"

090

单兵作战就是最有效的工作方式

中国最大的二手车交易平台之一人人车的联合创始人杜勇如此描述这家创业公司的企业文化："我们一直都是一家野蛮生长的公司，从四五个人开始，到现在超过 2000 人。我们的企业文化跟 99% 的公司都不一样，几乎没有任何成文的制度：上下班不打卡，工作时间自己定，没有病假和年假，生病了你就赶快去看医生，工作累了你就给自己放个假，不扣工资，不扣假期；我们不强调团队配合，单兵作战就是最有效的工作模式；我们做的是服务业，但是我们反对五星级服务，你把用户当成自己的朋友就好了，不用西装革履，不用见面就鞠躬。"他还说，2014 年 7 月人人车网站上线时，最初一个点击都没有。但他们通过和"二环十三郎"合作拍摄二手车公开课视频，以及在 B 站传播广告、鬼畜视频等拉来了很多流量。"此外我们还在做原创、捧网红、玩直播……总之你是一个创业公司，整个世界都是你表演的舞台，你不能每一个流量都花钱买。"

091

对每一个员工，要么培养他，要么干掉他

生鲜电商每日优鲜的 COO 曾斌接受投资中国网采访时说，凡是在加入公司前，跟你谈工资、收入、薪水谈得越多越细的，往往在公司待不长、待不久。"创业公司很难准确计量投入产出比，很多时候需要投入，需要奉献。"此外，曾斌发现，员工离职的"心病"往往有三种：第一是心累，工作强度大，心理压力大；第二是心亏，对家人的愧疚，没有时间陪家人，因此一旦有突发事件就容易提出离职（"这时候我有一个大招，放大假，我最长给过一个副总裁两个多月的时间，因为他的父亲得了癌症需要化疗，他回来之后比谁都努力，因为他觉得公司真的为他着想"）；第三是心灰，公司晋升通道不够宽，导致一部分人必然离去。他说，每日优鲜内部的准则是，对每一个员工，要么培养他，要么干掉他。"对于人才保留，事先的预防其实比事后的治疗要重要；而事后的谈心比谈钱更重要。"

刻意优待被并购过来的团队

搜狗 CEO 王小川接受《21 世纪商业评论》采访时说，搜狗与腾讯搜索业务搜搜的整合三个月就做完了。他解释自己整合的经验说，最重要的问题就是设身处地地理解对方，然后刻意优待。"之前在一个大公司工作，很多员工为自己的品牌雇主而骄傲，一旦被并购，心里难免有恐惧和挫败感。如果这种状态延续很长时间，就说明我们整合工作没做好，（所以）当时采取了一些措施，提供了些优待政策。因为对方如果有负面情绪，你坚持'公平'，对方会觉得你做得不好；要更好一些，才能让他们有公平感。"他还举例子说，之前买过一家做功能手机输入法的公司，团队刚过来时非常委屈，后来找他们聊天，才知道原因。原来春节前员工聚餐，他们的位置被安排得离中心桌特别远。当然，优待被并购的团队，可能会造成原有团队成员心里不舒服。方法也只能是"努力沟通"，让团队理解并购的好处。

093

衡量技术人员是否优秀的标准

腾讯云布道师贺嘉说，腾讯云从来不会用单纯的每日代码行数或者单一的代码缺陷密度来衡量一个技术人员是否优秀，"而是看作为一位高级工程师（P3）甚至专家工程师（P4），技术相关的问题是不是到你为止，哪怕有些问题你不能马上解决，也要能够积极寻求答案"。P 序列代表了腾讯的产品经理 / 项目经理职业发展通道，P1、P2、P3、P4 代表了四个等级，分别是助理产品经理、产品经理、高级产品经理和专家产品经理，P4 最高。其中每个等级又包含三个子等级，例如 P3-1、P3-2。

个性化会让大家处于
不断竞争的状态，而不是加强合作

微软企业传播团队总经理蒂姆·奥布莱恩接受网易科技采访时说，萨提亚·纳德拉担任 CEO 后，微软有一个非常大的转变：从之前强调单个组织和个人到现在强调整体和团队，也就是"一个微软"的概念。这个概念是在纳德拉接任前一年，由上任 CEO 鲍尔默提出的："员工要围绕着一个公司、一个战略的核心团结在一起，而不是每个部门都有各自的战略。要把所有产品整合为一个整体，而不是分割成一组岛屿。""一个微软"最明显的体现，是在微软员工的绩效考核上，不再强调个人成就，而是强调团队合作。纳德拉上任后，微软员工考核 KPI 里就有一项是"你对别人工作的贡献率"，"之前微软恨不得用一个标尺来衡量做的工作，但现在更看重的是员工与主管之间的沟通，除了考核自己做了什么，还要看帮助别人做了什么，和别人一起做了什么，共三个维度"。奥布莱恩说："想象一下你可能是学校最好的学生，但到了微软你会发现所有同事都一样，甚至可能比你更聪明。个性化会让大家处于不断竞争的状态，而不是加强合作，但很明显整体效能远远大于小我。萨提亚在微软 20 多年，看到了太多这样的状态，因此身体力行，让微软实现了自上而下的转变。"

企业文化不是写在墙上的，
而是靠奖励谁、惩罚谁、解聘谁来确立

实时后端云存储服务公司野狗科技的 CEO 刘之说，公司需要在 40 人左右时确定企业文化，而不能等大到 200 多人时才想到这点。"没有在 40 人时定企业文化，团队扩张的时候，你就会发现人容易被挖、内斗，出现各种各样的问题。"他说，企业文化不是写在墙上的，而是靠奖励谁、惩罚谁、解聘谁来确立的。刘之曾是奇虎 360 的技术总监。2015 年 10 月，野狗完成了 2400 万元人民币的 pre A 轮融资。野狗科技现在拥有超过 30 名员工。

096

不是每一个想法都要去跟随

艾文·雅各布曾在 1985 年到 2005 年期间担任高通公司董事长兼总裁。高通是全球最大的无线半导体供应商，2016 财年的营收是 236 亿美元，净利润超过 57 亿美元。在接受搜狐科技采访时，艾文·雅各布说，这个世界充满竞争，一家公司想要在竞争中一直保持领导地位，就必须非常勤奋、非常专注。"怎么能让大家有不断创新的精神，不断坚持创新呢？有一点非常重要，就是沟通。首先，大家都有很多的想法，需要一个平台充分讨论和研究；另外，不是每一个想法都要去跟随，这也是公司决策的关键。公司一定要有一种文化，能够鼓励大家创新，不断产生新的想法，同时公司也愿意去尝试新的想法、去冒险。不见得所有的想法最后都会成功，如果不成功也不要责怪员工，大家要一起去解决和学习失败的原因，进一步解决问题。再有，非常关键的是，要与大学、研究机构保持非常密切的关系，这样公司可以接触到基础研究领域的创新，这一点对创新至关重要。"

我每天起来最怕的
就是发现我们一年都没有失败

芬兰手游公司 Supercell 推出过 4 款成功的游戏，这让他们在 2015 年创造了 23 亿美元的营收，但成功的背后还有 14 款被砍掉的游戏，每砍掉一个，Supercell 公司会开香槟庆祝。Supercell 的 CEO 埃卡·潘纳宁说："大家对我们有一些误解，砍掉一个用 6 个月或者 9 个月时间日夜研发的游戏一点都不好玩，它就像你的孩子一样。我们庆祝的并非失败本身，而是我们从失败里学到的东西。我们希望创造的是一个能够容忍失败的公司环境，我每天起来最怕的就是发现我们一年都没有失败，因为这意味着我们承担的风险还不够。" 2016 年 6 月，腾讯以 86 亿美元的价格收购了 Supercell 84.3% 的股权。

098

用"问题风暴"取代"头脑风暴"

企业顾问马修·E. 梅在《打赢脑力战》(*Winning the Brain Game*)一书中说,我们应该用"问题风暴"取代"头脑风暴",围绕问题提出问题,这样做"有利于得到更深入的分析和更透彻的认识,最终摸索出最聪明的解决方案"。他说,一方面,在相互提问的过程中,大家会深入挖掘问题,挑战固有思想,"很多被忽略的根本问题会被提出";另一方面,"头脑风暴一般以能提出大创意的少数人为主导,而问题风暴能让更多人参与进来,因为提出问题的难度更低,也不会招致严厉批判"。当人们提出问题而非创意时,就不用承担非得"一鸣惊人"的压力。

099

要让会议中的人们都有敢于"犯蠢"的勇气，并且能够理解他人的"犯蠢"

经纬创始管理合伙人徐传陞投资过百度、博纳影业、滴滴快的等公司。他说，要想鼓励富有创造力的人积极发挥能力，首先要创造轻松的氛围，以及一种"放任自流"的文化。（"这个世界普遍反对创造，在公开场合表现创造后果更加糟糕。即使是表现出思考的样子，都令人不安。所以必须让人们感受到自己不会被别人反对。"）第二，要让会议中的人们都有敢于"犯蠢"的勇气，并且能够理解他人的"犯蠢"。（"如果一个人对愚蠢表现出毫不留情的冷漠态度，那么这种气氛会一直在整个会议上蔓延，吓坏其他人。"）第三，一个团队不适合拥有太多成员，以不超过五个为佳。（"再大一点的团队的确可以共享更多信息，但那种等待发言的煎熬也会让人很沮丧。可以选择和不同的人开几个会议，虽然有可能导致重复，但重要的不是他们说了什么，而是他们启发了别人什么。"）第四，为了达到最好效果，团队气氛可以轻松一点。（"在某个同事家里，或者某家餐厅的餐桌上开会比在会议室里正襟危坐要好得多。")
最后，"没有什么比责任感更能抑制创造力了"。("因为没
有想出好创意而无法获得高薪，并为此感到愧疚的人，下
一次肯定还是想不出伟大的创意。")

100

对领导者而言，关键不是吓唬人，而是向下属提供帮助，真正解决问题

微软 CEO 萨蒂亚·纳德拉对《今日美国》说："对领导者而言，关键不是吓唬人，而是向下属提供帮助，真正解决问题。如果下属害怕做事，很难或不可能真正推动创新。"2016 年 3 月，微软推出了面向推特平台的聊天机器人 Tay.ai。但是短短几个小时，这个聊天机器人就被黑客们玩坏了，变成了一个满口脏话、辱骂用户、还会发出种族主义言论的机器人。《今日美国》说，如果在以前，这个团队负责人一定会被辞退。但是，萨蒂亚·纳德拉的做法是，发出了一封带有鼓励和安慰性质的邮件，邮件中说："继续推进，要清楚我和你们在一起。深深同情所有被 Tay 伤害过的人。关键是继续学习和改进。"这个团队在 2016 年 12 月推出了新款人工智能聊天机器人 Zo。

101

想鼓励员工的冒险精神？
给他一张"免死金牌"

2012 年 2 月，吉姆·唐纳德出任美国连锁酒店长住酒店集团 CEO。他立刻发现，经历了此前的公司破产和被收购后，员工们非常害怕丢掉工作，恐惧限制了他们的创新思维和框外思维（think outside the box），而这两种思维正是公司摆脱当下财务困境所需要的。为了鼓励员工敢于想象和实施大胆的想法，吉姆·唐纳德给近万名员工每人发放了一张"免死金牌"（get out of jail free card）：当员工为公司豁出去时，即使失败，也可免于受到责罚。唐纳德说，不久后，使用"免死金牌"的人渐渐多了起来，这说明员工规避风险的心态正在改变。比如，一位新泽西分店的经理，听说有剧组在附近拍摄，便主动打电话推销酒店的服务，这是一个冒险的举动。在美国，人们非常反感这种陌生电话推销，推销员很容易被挂电话、投诉或者挨骂。不过最终她为酒店带来了 25 万美元的收入。吉姆·唐纳德还曾担任过星巴克的 CEO。

102

你得有充分理由去说服对方，
绝对不是说看谁官大、谁官小

腾讯副总裁林松涛接受《北京晨报》采访时说，在腾讯有个 "PK" 文化，当大家意见不一致时，争论就会发生，这种争论，在腾讯内部是一场用户看不见的 "PK"。"你得有充分理由去说服对方，绝对不是说看谁官大、谁官小，Pony（马化腾）到今天都还是会经常跟腾讯产品经理 PK。不是 Pony PK 你，你就一定要照他说的改，他会跟你一起讨论，比如这个交互体验的按钮是放在这边，还是放在那边，要细到这个程度。" 林松涛说，"PK" 文化在腾讯是自上而下的，通过讨论、"PK" 来决定哪种情况对用户来说是最好的选择，"在互联网的体验设计里，很难有什么东西绝对地对或绝对地错，很多时候是基于某些维度和某些取舍原则来进行判断"。

103

将公司"沉默"文化转为"对话"的四条策略

- 大卫·麦克斯菲尔德是研究公司业绩的社会科学家，他说，企业最大的危机，是员工在工作中发现问题但却保持沉默。他在《哈佛商业评论》的一篇文章中列出四条鼓励员工将公司文化由"沉默"转为"对话"的策略：第一，进行反向思维（"在提出自己的想法前，先考虑下沉默的风险，然后再考虑大胆表达意见存在的问题"，通过简单地调整评估风险的方式，提高说出意见的可能性）；第二，不断调整情绪（"表达想法前把他人当作理智、公平的人，缓和强烈的情绪，创造良好的对话氛围"）；第三，让对方拥有安全感（开始高风险的谈话前，表达意见的人最好让另外一方感受到善意和尊重，这样会令他逐渐减少戒备并开始倾听）；第四，与对方进行对话（邀请对方加入对话，鼓励不同的意见）。

有人才有天下

《财经》杂志在一篇关于房地产巨头碧桂园的报道中说，碧桂园董事局主席杨国强最近几年最大的变化，是对人才越发重视。杨国强在 2017 年的元旦致辞中写道："有人才有天下！" 2013 年春天，杨国强和平安集团董事长马明哲在一场高尔夫球赛期间有过短暂交流，当时杨国强问马明哲："你管理平安万亿资产，有什么秘方？"马明哲回答说："我能有什么秘方，就是用优秀的人。我这有很多年薪千万的人。"回到公司后，杨国强对当时的碧桂园人力资源总经理彭志斌说："我给你 30 个亿，你去给我找 300 个人来。"现在碧桂园年薪五六百万的人有好几个。同时，碧桂园实行区域授权制度。区域公司是项目管理中心，对项目和利润负责，俨然是一家家小地产公司。2016 年年底，碧桂园的一位区域总裁年收入过亿。此外，碧桂园一个月会开一次高管会，区域负责人按照业绩来排座位，业绩最好的坐前排。碧桂园营销部门的一个负责人说："这很让人受刺激。"

105

小公司要学会请人，大公司要学会开人

马云在湖畔大学第三届学员面试时说，在 2005 年时，阿里巴巴的员工数量扩展到两千人左右，他开始在全世界各地找老师请教"什么样的组织最合适，应该建立什么样的文化"，"特别是 hire and fire"。"一百人之前，招聘人的是你，开除人的也是你。一百人之后，请人不归你管了，开除也不归你管了。什么样的制度能保证 hire and fire？如何用最少的人建立最优秀的组织架构？"大公司和小公司在请人与开人上的侧重也不同："小公司以用谁为主，用什么样的人让小公司活下来；大公司以开谁为主，不要什么大公司才会成长。小公司要学会请人，大公司要学会开人。"

如果你的公司没有准备好，你却请了跨国企业的专业人才，你等于是在谋杀自己

马云在马来西亚环球转型论坛上的演讲中说，钱不是必需的。"不是钱改变世界，如果钱能改变，就没有我们的机会了。阿里巴巴在第一个 10 到 15 年存活下来的重要原因，是因为我们没钱，尤其在第一个 5 年。我们不像其他公司一样融到那么多钱，我们每一分都花得很小心。大多数公司在泡沫时代都阵亡了，不是因为它们没有钱，而是因为它们有太多钱。如果你的公司没有准备好，你却请了跨国企业的专业人才，你等于是在谋杀自己。不要这么做。这就好比我们把波音 747 的引擎装进一台拖拉机里，它会毁了你的拖拉机……最好的人才不是在外面，而是在你的企业内。他们相信你，相信你的想法，所以愿意花时间。很多人喜欢把钱投资在设备和机器上，但不愿意花钱在雇员身上。把钱投在雇员身上，给他们机会发展，和他们分享所犯过的错误，听听他们的错误，一起工作，这将使你的企业发展得更好。"

107

公司应该从内部培养
而不是从外面挖人的三个原因

领英（LinkedIn）全球副总裁韦德·伯吉斯在《哈佛商业评论》发表的文章中说，很多公司从外部吸收人才而不是从内部培养，但其实应该相反。第一，很多公司挖人的原因是公司发展需要更新的技能，但现有员工的技能与它不匹配，"处理方法是不要只考虑公司员工曾经做过什么，也要考虑他们能够做什么"。第二，公司希望雇用可以立即工作、高效率的外部人才，但事实上，从内部培训成本更低。很多公司宁肯裁员，也不愿意去培训现有员工，因为他们认为员工缺乏忠诚感，迟早会离开，这就浪费了培训成本。但是，"当公司不重视内部培训，也不从内部挑选人才时，员工会感到在这里没有前途，可能会选择跳槽"。不停更换员工的成本比培训员工的成本更高，根据美国发展中心的一项研究，招人替换老员工的成本是其工资的20%。此外，他认为，鼓励公司不同部门间互相"挖墙脚"可以给员工更多发展机会。

108

关键问题是你下了多大决心，
花了多少时间

小米创始人雷军 2017 年 5 月 3 日在武汉的公开演讲中谈到自己开始做手机时如何挖人。雷军说："在办小米之前，我主要是做软件和互联网，当我要做手机做硬件的时候，硬件行业的人对我是不了解的，甚至不认为我能干得成。不怕大家笑话，当时我列了一张表，一个一个地打电话。我给人打电话介绍我是谁，我想干什么事情，能不能给我 15 分钟的时间电话里聊一聊，如果在电话里觉得靠谱，我们能不能一起喝杯咖啡、吃个饭。当时我每天有 12 个小时在招人。我今天回顾我当时找的一个人，在两个月的时间里面我们跟他谈了 17 次，平均每次 10 个小时，花了非常多的时间沟通。所以很多人说招人很困难，我觉得关键问题是你下了多大决心，花了多少时间。"

109

不要找需要花时间去培养的人

晨兴创投合伙人刘芹投资了包括小米在内的许多明星公司。他给创业公司提了个招人建议：不要找需要花时间去培养的人，而要找自我驱动的人和不需要被管理的人。"小公司招团队不要找需要被管理的人，要找有自我驱动力的那些，他被你的愿景感化，自愿加入。对于小公司而言，从头培养太奢侈了。而且，因为有很多人，你需要花大量的时间去管理，这样整个团队的效率就降低了，这对于初创公司是一个很大的弊端。"

110

什么才是合格的招聘

专注周边旅游的创业公司"要出发"的 CEO 丁根芳在朋友圈说，他总结自己这几年的招聘工作，在想什么才是合格的招聘，认为"是要招到真正让自己仰望欣赏的人"。"和这样的人一起工作，才有持续的幸福感。我们平时很多时候面试，就是抱着一种请个人来干活的心态，那不行。如果你感觉到面试很有压力，最终是通过梦想来说服一个人加入，那么恭喜你，你招到了一个真正可以帮你分担压力的人。""要出发"在 2016 年 4 月完成 5.5 亿元的 D 轮融资。

111

想招到什么样的人，
就安排同类型的人做面试官

全世界最大的对冲基金桥水联合基金的创始人雷·达里奥说，人们往往倾向于选择和自己相似的人。因此，如果你想招一名有远见的员工，那么应安排一个本身就有远见的面试官去测试应聘者是否有远见。如果你想招一个复合型人才，就请安排一组能够涵盖所有素质的面试官。如果你对某人的判断力没有信心，那么请不要选择他当面试官，一定要选择你信任的人。

112

认清自己不具备的能力和特点，然后雇用具备这些能力和特点的人

星巴克创始人霍华德·舒尔茨说，领导力大师沃伦·本尼斯对他影响很大。20世纪80年代，有一次听了沃伦·本尼斯的演讲后，他去找他请教问题，此后他们就经常交谈。霍华德·舒尔茨记得沃伦·本尼斯跟他说过，应该在增长曲线出现之前就开始投资，以及，在考虑共事人员的能力时，不要只顾眼前。沃伦·本尼斯说，成为一名卓越的领导者的艺术在于认清自己，了解打造一流团队所必需、而自己又不具备的能力和特点。

113

用三种方法找对销售人员

销售培训专家戴夫·施泰因对《财富》中文网说，企业对
销售人员的年淘汰率为 25% ~ 40%，"部分原因是许多
销售人员十分擅长在面试中推销自己"，所以销售经理最容
易在招聘中犯的错误是"相信本能或直觉"。施泰因的建议
是：一、不要一个人做决定，可以请几个同事来参加面试，
最好是三人小组，不过另外的两个人不用每次一样；二、
不要改变固定的招聘流程，因为通过标准明确的流程招聘
来的销售人员，每年的淘汰率只有 5% ~ 15%；三、要求
应聘者模仿现实情境打推销电话，亲眼看看应聘者的表现。

114

一个好的会议有三个标准

专栏作者杰弗里·基廷说，不论是会议、邮件还是即时信息，应该记得一个最重要的准则：沟通越多，就越难沟通。他说："在创业公司，注意力是一种稀缺资源。所以，不如用开会的时间去做点别的事情。"社会化客户关系管理平台Intercom的产品副总裁保罗·亚当斯则说，重要的不是要不要开会，而是怎么开好会。"一个好的会议有三个标准：有人负责；有明确的主题和讨论主题的底线；而最重要的是，有讨论结果。"但是，开会不应该是推迟决策的借口，重要的决定不要等着开会时再做。

115

四条提升效果的管理建议

台积电董事长张忠谋对《天下》杂志说，效果非常重要，比花多少时间工作重要多了。他给出了四条提升效果的管理建议：第一，减少会议并缩短开会时间；第二，"在知识的金字塔，最底层的是资料，比较高等的是资讯，再高一点是知识，我们要提高知识的比例"（"工程师要花很多时间收集资料，要减少这部分时间，就得多做分析和持续改善流程。知道要收集什么样的资料，那么收集资料的时间就会减少，这就是知识"）；第三，在台积电，每次有新的制作流程，都要一次次试，有点尝试错误（trial and error）的性质，这个过程是可以减少的（"要减少尝试错误的次数，就需要有'先见'，不要统统都去试，要先试比较可能成功的东西"）；第四，尽量使用新的大数据分析技术。

III

如果你觉得安全，

那就一定是开得不够快

001

如果你觉得安全，
那就一定是开得不够快

芬兰手游公司 Supercell 的 CEO 埃卡·潘纳宁在 Slush 2016 年创始人论坛上说，创业就是九死一生，再成功的人遭遇的失败也比成功多很多。潘纳宁说："我非常欣赏一位赛车手说的一句话：'如果你觉得安全，那就一定是开得不够快。'承担风险就意味着接受失败，而且失败的频率比成功高得太多了。即便是现在，我们失败的游戏仍然比成功的多，如果足够幸运，大概只有 1/10 的成功率。"

002

你最大的危险并不是失败，
而是太安逸

云存储服务提供商 Dropbox 的创始人德鲁·休斯顿在母校麻省理工学院演讲时说："创立 Dropbox 是我一生中最刺激、最有趣、最有成就感的事情。它也是我最丢脸、最沮丧、最痛苦的经历。我甚至记不清我犯错的次数。你在学校里犯的每一个错误都可能影响你最终的成绩，而在现实生活中，你最大的危险并不是失败，而是太安逸。" Dropbox 成立于 2007 年，是最受关注的硅谷独角兽之一，估值超过 100 亿美元。截至 2016 年 3 月，它的注册用户数已突破 5 亿。

003

跟随内心那种痛苦的感觉，而不是选择别人建议的安全、谨慎的道路

接受《财富》杂志采访时，爱彼迎创始人布莱恩·切斯基分享了对"冒险"的看法："在当今社会，我们习惯了在所有不适当的时刻避免冒险。大学毕业后，人们告诉我们要做有保障的事情，要做出正确的选择，要保持低调。人们以为，我们要站稳脚跟或找到一份稳定的工作，然后才可以尝试孤注一掷。但生活并非如此，这样理解风险是错误的，我的建议是不要等待。我们总能找到各种安稳过日子的理由，但通常情况下，人一生中最令人激动的时刻，始终是你选择冒险的时候——你决定跟随内心那种痛苦的感觉，而不是选择别人建议的安全、谨慎的道路。"

004

当你还年轻的时候，
去尝试不同的事物和那些不是很受欢迎
但你自己喜欢的领域

比尔·盖茨和沃伦·巴菲特在哥伦比亚大学举行了一次问答活动，在回答"如何克服对失败的恐惧"时，盖茨说："我非常幸运，高中时就接触了计算机并为之狂热，所以我把它当作爱好而不是冒险。不过我觉得冒一点风险是很好的事，尤其在你还年轻的时候，去尝试不同的事物和那些不是很受欢迎但你自己喜欢的领域。"巴菲特说："不要害怕失败。我当年被哈佛大学拒绝了，这是在我身上发生过的最好的事。有些好事在发生时不被看好，不要担心，不要在回顾时被它吞噬，继续往前走，因为你会得到别的。"

如果你不去尝试（可能）会失败的事情，你大概不会尝试去做十分有趣的事情

维尔福（Valve）是全球最大的游戏开发商之一，开发过《反恐精英》、*Dota2* 等知名游戏，旗下还拥有全球最大的 PC 游戏平台 Steam，总活跃用户数超过两亿。维尔福还是 VR 头戴设备的领跑者，它与 HTC 合作推出的 HTC Vive，以及和脸谱网合作的 Oculus Rift 是 VR 头戴市场的高端代表。与此同时，它还在开发三款完整的 VR 游戏。维尔福的创始人加布·纽维尔在接受媒体群访时说，售价 800 美元的 Vive 是目前 VR 头戴市场上最贵的产品，它勉强能在最低限度内为用户带来 VR 体验。"我们十分乐观。我们认为 VR 现在的发展很棒，其发展轨迹也符合我们的期望。（不过）我们也不太介意它以失败告终。如果你不去尝试（可能）会失败的事情，你大概不会尝试去做十分有趣的事情。我们希望为玩家带来一些他们会说'这很棒，这是一个重大的飞跃'的东西。"

006

乐观、自我认可、敢于放弃

新东方教育集团创始人俞敏洪说："在所有和我打过交道的年轻创业者中，我最喜欢、最愿意支持的，是乐观、自我认可、敢于放弃的人。"乐观是指"对事业的发展有信心，尤其对中国的发展有信心，认可我们这个时代"。他举例子说，就好像结婚，夫妻之间一定有矛盾，但因为有矛盾就离婚，那就永远不会有家。自我认可是指敢于做有风险的选择，相信自己会拥有更好的生活。俞敏洪以自己当年创业做新东方为例，他1995年年底到美国试图说服当时在美国的同学一起回国创业，只有王强和徐小平连工资都不问就回来了。"王强和徐小平说：'你在大学期间是挺没出息的一个人，你都把事情做成了，那我们回去肯定能做得更大。'"敢于放弃是指勇于放弃原有的生活。"我说的敢于放弃，就是放弃平庸，走向创造；放弃迷茫，走向坚定。"

007

一年只做十几次的事，
是永远都掌握不好的

15 年前，亚马逊 CEO 杰夫·贝佐斯创立了火箭公司蓝色起源（Blue Origin）。这家公司的使命是大幅降低进入太空的门槛。要达成这个使命，贝佐斯说只需做到两点：可重复使用和大量实践。首先，如果精密的硬件用过就扔，成本永远降不下来。其次是大量实践。"人类都是这样，一年只做十几次的事，永远都掌握不好。现在最常用的运载火箭一年也就执行十几次发射任务，根本达不到纯熟的境界。"贝佐斯还以外科手术举例：谁也不愿碰到一年只做十几台手术的医生，肯定希望找一周能动刀 20 ~ 25 次的医生。

008

每一项看似光鲜的创新背后都是
无数的脏活、累活

外卖平台饿了么的 CEO 张旭豪回母校上海交大演讲，反复强调执行力和行动力的重要性。他说，能够进入上海交大的学生，想必都很优秀。"（但是，）优秀的学生有时会有一个问题，眼高手低，每天都聊很多东西，但真正沉下去做事情的决心、执行力不够。这样是无法创业的。在创业路上，单纯的 idea 没有价值，要加上坚决、快速的执行才有价值。"张旭豪说，"很多人对创新有个误解，认为创新就是一刹那的灵感火花，你有天分就能做到。但实际上每一项看似很光鲜的创新，都是靠背后无数的脏活、累活把它做成的……很多时候实现创新的过程是非常累、非常普通、毫无美感的，你只能靠日复一日的平凡劳动去把事情做起来。创业者要有创新的热情，但更要沉得住气，将事情一板一眼地落实。"

不放弃的话，创意从任何地方都能得到

周星驰接受时光网采访时说，创意有多难，只有创作者自己知道。"（网友说我）江郎才尽是真的，不是开玩笑。但这是现实啊，就是要面对，不然怎样呢？是不是就算了？就不去创作了？可是我又非常喜欢拍电影，我相信会有很多方法得到新的创意。你不放弃的话，创意从任何地方都能得到，虽然它越来越困难，不放弃就好。因为不做电影，去做其他事同样困难。"

010

创造力是一种从不同角度看问题的意愿

苹果公司联合创始人斯蒂夫·沃兹尼亚克参加奥格斯堡学院活动时说，过去创业成功的原因是，他强迫自己拿着笔在纸上一遍又一遍地尝试，"创造力是一种从不同角度看问题的意愿，不知道如何着手做某样东西，那就坐下来找到办法解决问题"。沃兹尼亚克还说："我这一生就是不断学习那些在学校里学不到的东西。比学习和知识更重要的东西是积极性。"

011

我们中有些人就像是乌龟，
走得慢，一路挣扎

2017 年，94 岁的约翰·古迪纳夫博士和他在得克萨斯州奥斯汀分校（University of Texas at Austin）的团队为一种新型电池申请了专利。他们在专利声明中说："这种电池将会十分便宜、轻便和安全，会给电动车带来革命性的改变。"1980 年时，57 岁的古迪纳夫就曾与人联合发明了锂离子电池，大大缩小了电池体积。《纽约时报》的专栏作者佩根·肯尼迪认为，古迪纳夫的故事表明，有些人实际上随着年岁渐长而变得更有创造力。"不幸的是，这些大器晚成的天才必须战胜落在他们身上的巨大偏见。"交谈中，古迪纳夫对佩根·肯尼迪说："活到这个岁数，我已经明白了不能对新想法存有偏见。要想得到一些新东西，你必须测试所有的可能性。我们中有些人就像是乌龟，走得慢，一路挣扎，可能到了 30 岁还搞不明白。但这些'乌龟'必须继续爬下去。"这种贯穿一生的爬行有可能带来好处，尤其是在你辗转穿越不同领域，一路收集各种线索的情况下，"你得有相当多的经验，才能把不同的想法融汇在一起"。

012

分心会让个人和集体承受巨大的代价，
只有难以置信的纪律才能对其加以控制

曼联前主教练亚力克斯·弗格森在《领导力》一书中说：
"我还没碰到过有哪个取得巨大成功的人，不把自己封闭于
其他人的需求之外，并且放弃消遣。如果有两个天赋相同
的人，那么如何安排他们的能力将会决定他们最终是否成
功。有些人就是比别人更善于不去理睬世界上的其他东西，
那意味着他们有更多的时间培养他们的天赋，或者提高他
们的团队。"怎么掌握排除干扰的艺术？弗格森说，除了极
个别特例外，他从不接受午餐邀请。因为这样一顿午宴，
尤其是需要开车往返时，在不知不觉间就会花掉三个小时。
他还减少出席一些慈善活动，早在退休的十年前，他就不
再参加俱乐部支持者们的宴会。他们总是能折腾到很晚，
有一眼望不到头的队伍等着签名和合影。"我不想让自己看
起来不近人情或是冷漠，但我的任务是赢得奖杯，而不是
签名。而且集中精力去夺冠让我过得很舒服。那些顶级球
员，尤其是将巅峰状态保持得最久的球员，往往是那些可

以把自己封闭于他人要求之外的球员。C罗就是最好的例子。他不抽烟也不喝酒，刚到曼联时和母亲、姐姐生活在一起，知道如何控制自己和自己的时间。分心会让个人和集体承受巨大的代价，只有难以置信的纪律才能对其加以控制。"

013

如果你将目标设定得非常高，
即使失败了，也在别人的成功之上

好莱坞著名电影导演詹姆斯·卡梅隆同时也是发明家和探险家，他曾在电影特效制作公司工业光魔的帮助下，在电影《深渊》中使用了 CG 技术，产生电影史上第一个软表面、电脑制成的形象。后来卡梅隆执导的包括《终结者 2》《泰坦尼克号》《阿凡达》在内的影片都是非常复杂的技术工程。片场的同事曾评价卡梅隆的标准极为苛刻，卡梅隆这样解释："如果你将目标设定得非常高，即使最后失败了，你的失败也在别人的成功之上。"

014

在任何时候，
你只有发现和解决新问题，
才能更上一层楼

脸谱网创始人马克·扎克伯格接受《快公司》杂志采访时说："在任何时候，你只有发现和解决新问题，才能更上一层楼。"几年前，脸谱网收到很多关于"标题党"的投诉，但当时的算法没有经过专门训练，无法鉴别它们。脸谱网推出了新工具，让社区通报哪些是"标题党"，将相关要素纳入产品中，之后"虽然不能百分百解决这个问题，但严重程度比以前小多了"。扎克伯格说，每个系统都不完美，都会有缺陷，"与其批评这些缺陷，倒不如努力打造一个框架（解决问题）来得更加实际"。"指出缺陷并没有错，但不能因此否定系统。不仅仅是脸谱网，对其他任何公司和系统都如此。你的特定行为和选择让你走到今天，但周遭世界不断发展变化，你需要去适应。"

015

有理想但不理想化

"有理想但不理想化"是柳传志经常讲的一句话。滴滴出行CEO程维曾说，柳传志给他的建议是：要想赢，靠聪明；要想赢三十年，靠正直。柳传志说，他的父亲告诉他"要做个正直的人"。这句话后来柳传志也转述给了自己的儿子。"但在正直的基础上，也要懂得通融，换句话叫作'有理想但不理想化'。有理想的意思是有追求，不理想化的意思是通融。"柳传志说，"我经历了很多事情，后来就越来越明白，很多事情你以为对，实际上也许并不对，或者在当前的时代做不到。这时候就必须通融，适应这个情况。夏天来了，咱就少穿衣服；冬天来了，咱就多穿衣服；雾霾来了，咱就戴口罩或者往海南走。别老想着去改造冬天、改造夏天。你现在只要把口罩戴好了，别受雾霾折腾就行了。"

为人示弱，做事留余

在中城联盟论坛上，河南建业集团董事长胡葆森说，虽然技术变化很快，但有一些大道理却从来不变。比如，厚德载物、天时地利人和。他说 2016 年 6 月他参加自己母校郑州大学的毕业典礼时发表演讲只讲了九个字："顺天时、借地利、求人和。""你不能造天时，只能顺着它；你也不能造地利，只能借着它；而人和只能自己求。要怎么求人和呢？我总结成八个字就是'为人示弱、做事留余'。这半年来，每当碰到一些场合，有人愿意听的时候，我就会讲这八个字。"

017

个性和才华最好成正比

作家余华在澳门文学节上说:"一步步来,你的个性最好和你的才华成正比,不然你就被社会杀死了。"余华以自己的经历为例,20世纪80年代,"文革"刚刚过去,"大家对社会充满希望,一步步往前走,社会变得逐渐开放",他的第一篇小说准备在《北京文学》发表,"(但)编辑觉得结尾太灰暗,要改得光明一点,我就改了"。

018

要以一种开放心态去理解一件事，
哪怕自己暂时还不喜欢

球星姚明在上海宋庆龄讲坛分享自己的成长经历：因为父母希望他获得高考加分而进入体校，但在前九年姚明自己并不喜欢打篮球，每一次的训练都是"随波逐流"，直到他最后发现了这项运动的乐趣。"过去篮球和我是分开的两个完全独立的物体，当兴趣爱好使我们结合起来以后，篮球成为我的一部分，或者说我成为了篮球场上的一部分。篮球场上每一次鞋子摩擦地板的声音，篮球撞击篮筐的声音，或者投进的声音，在场上奔跑、听到风从耳边划过的声音，都成为一种享受。"因此，要以一种开放心态去理解一件事，哪怕自己暂时还不喜欢。"如果永远站在对立的情绪上，永远无法接受，只会让我们的未来变得越来越漫长，越来越漫无目的。"如果培养出了兴趣，接下来，"兴趣会培养我们的品质，让人愿意为了兴趣放弃其他更舒适的选项"。"在做出这样选择的同时你就会慢慢长大，因为将来你们就会明白整个人生就是一种选择，这时候让兴趣去引导你做出最正确的选择，你们一定不会后悔。"

019

找到令双方都着迷的目标

微软首席设计官迈克·高夫接受设计在线教育平台 Meia 采访时说，在与其他部门同事讨论时，设计师不要过分讨论只有自己感兴趣的事，而要站在对方的角度看问题，找到令双方都着迷的目标。"和工程部的同事讨论时，令双方都着迷的目标是做出没有缺陷的优质产品；和业务部的同事讨论时，要像他们一样着迷于下个季度的指标，着迷于发现商业需求。你需要远远地走出舒适区，才能成为领导型设计师。"

020

在拥有你最想要的设计师品牌之前，
你可以穿一些相对体面的衣服等待着

意大利时尚品牌 Dsquared2 的设计师迪恩·卡登和丹·卡登是一对双胞胎，两人出生于 1964 年，已经合作了 20 年。在接受《联合早报》采访时，他们说，再好的设计师双人组都很难有他们这样和谐自然的共事关系。"有些事情，我们俩真是到这个岁数才越来越看得开，有人陪着你做事，陪着你变老，不断地分享、讨论、分担、合作；什么都不怕之后，好像连机会都会变多了。"他们都认为，好设计是值得等的，因为"时尚是一种欲望，当它太唾手可得时，就变得一点吸引力也没有了"。"给一切事物喘息和成长的机会，没必要急成这样。"当然，快时尚品牌也有存在的必要，"在拥有你最想要的设计师品牌之前，你可以穿一些相对体面的衣服等待着"。

021

与其不断说自己是个笨蛋，
不如试着回答"为什么自己是个笨蛋?"

《华尔街日报》专栏作者伊丽莎白·伯恩斯坦说，你可以通过一些方法来摆脱负面情绪。首先，把负面情绪写出来，借由文字，明确地认知这个想法，从而找到引发负面情绪的原因。其次，将这种负面情绪转化成一个需要回答的问题，"与其不断说自己是个笨蛋，不如试着回答'为什么自己是个笨蛋?'"她说，"寻找答案的过程，可以证明负面情绪根本不是建立在真实基础上，你可以找到很多例子来证明自己不是个笨蛋。"她还建议，你可以假想自己有这样一个朋友，"和你拥有一样的负面情绪，面临一样的挑战。你肯定不会告诉你的朋友他在各方面都一败涂地。你肯定会找一些积极的东西鼓励他。你怎么和这个朋友说，就怎么跟自己说"。

022

既乐观又现实的人最容易达成目标

纽约大学心理学教授加布里加·奥埃廷根说，拥有"既乐观，又现实"的心态和思维的人最容易达成目标。当这种人有了一个目标时，会首先憧憬愿望成真，然后花更多时间考虑实现目标有什么障碍，需要哪些努力。这个过程叫作"心理对照"（mental contrasting）。实验证明"心理对照"卓有成效。当实验中的人们尝试对可能实现的目标进行心理对照时，他们变得更有干劲，而且能取得比纯粹乐观主义者和极端现实主义者更好的结果。当实验中的人们尝试对不合理的目标进行心理对照时，他们最终会放弃。因此，在目标可能实现时，这种思维方法能够激励我们；当愿望不切实际时，也更容易让我们在评估后选择放弃，转而去实现其他更合理的抱负。

023

如果清除了生活中所有的压力，生活也就没有意义了

《自控力》作者、斯坦福大学心理学教授凯利·麦格尼格尔曾用十年的时间研究压力对健康的坏处，并将压力视为敌人，最近几年她改变了看法。她发现，转变对压力的看法及应对方式，能够改变身体对压力的反应。比如，当你把压力看成一种有利因素，就会建立一种生理性激励，你的呼吸加快、心脏怦怦直跳，但血管仍然保持松弛，这与你开心时和受到鼓舞时身体的反应相似。麦格尼格尔还让实验者们列了两个清单：让他们产生压力的事情和他们在乎的事情。"人们意识到，如果他们清除了生活中所有的压力，生活也就没有意义了。有一种很常见的幻想：能不能毫无压力地得到自己想要的一切？这种想法我们必须放弃。"

024

乐观是一项战略性资产

比尔·盖茨与梅琳达·盖茨在 2017 年的公开信中说："事实上，从许多重要方面来看，我们正生活在人类历史上最好的时代。全球贫困在减少，儿童死亡率在降低，识字率在上升，全球女性和少数族裔地位在改善。"他们把乐观视为一项重要品质和"战略性资产"。不过，他们也发现，现实使人们更容易采取悲观主义态度："在过去 25 年里，极端贫困的人口减少了一半。如此惊人的成就应该会让大家感到更加乐观才是，但是这一成就几乎不为人知。据最近的一次调查显示，仅 1% 的人知道我们消除了一半的极端贫困，而 99% 的人低估了这方面的进展。那次调查不仅仅是测试人们的知识，也是测试人们的乐观程度——而全球在这方面得分不高。"梅琳达·盖茨接受采访时说："世界有其美丽的一面，也有其痛苦的一面。如果你能接纳世界如其所是，相信自己能够推动积极的改变，并在这种信念中保持乐观，那么世界就会越来越美好。"

025

人生的真相就是，
每个人都会不可避免地经历挫折

希拉里·克林顿在女性组织 Girls Inc. 的午宴上发表演讲说："人生的真相就是，每个人都不可避免会经历挫折。如果你已经活得够久，那一定已经经历过挫折了。"她调侃自己在总统竞选中的落败，说自己在过去的一个月终于享受到了充足的睡眠，有充裕的时间去探索内心、反思自我和在林中散步。"每个人都会失败，重要的是你能够拍拍裤子重新站起来，继续向前。无论你已经上路还是刚刚启程，现状看起来都令人沮丧。但如果前人都因气馁而彻底放弃，世界可能比现在更为不平等。"Girls Inc. 的宗旨是激励所有女孩变得聪明、勇敢和强大。

026

一定不要后悔

惠普总裁兼 CEO 迪昂·韦斯勒对《财富》杂志说，他在商业上得到的最好的建议来自他的父亲。"他说：'儿子，我们给了你两只耳朵、一张嘴，你一定要按照我们给你的比例来使用这些资产。'这是非常实用的建议。我首先要去倾听，倾听之后才能够去跟大家分享。当然，还要从各方面汲取信息。这个建议让我受益一生。另外，就是一定不要后悔。只要做了，都是学习，犯错误也没有什么，从错误里面学习，下次就会做得更好。这也是惠普所需要的创业精神。"

027

当需求出现，再去学习就晚了

斯蒂夫·雅吉是谷歌的员工、知名的程序员。他写了20多年代码，熟悉二三十种编程语言。他在《程序员的呐喊》里，强调了时刻学习新技能的必要性，"程序员总会自我安慰说，等到需要的时候再去学新技能也来得及，但在内心深处他们明白，当需求出现的时候已经太晚。现实情况是这样子的，'旱鸭子'会和水保持距离，司机会绕开泥泞的路段，而程序员会躲在舒适区里，搭建围栏把自己保护起来，然后祈祷世界和平"。

若有需要，立即去学

武侠小说大师金庸曾经编辑过报纸的副刊。他做副刊编辑，除了要编辑大量文艺稿件外，自己也要写关于电影和戏剧的文章。他说当时自己对这些完全不懂，没有办法，只能"每天如痴如狂地阅读电影与艺术的理论书，终于在相当短的时间内成为这方面的'半专家'"。虽然"没有实践的经验，但理论方面的知识和对重要戏剧、电影的了解和认识，已超过了普通的电影或戏剧工作者"。"从此以后，'即学即用'便成为我主要的工作方法。不熟悉我的人以为我学问渊博、知识面极广。其实我的方法是：若有需要，立即去学，把'不懂'变作'稍懂'，使自己从'外行'转为'半内行'。"

029

在你还年轻的时候，
不要吝惜自己在教育方面的投资

人工智能专家、百度前首席科学家吴恩达在问答网站
Quora 上回答了"如果你要给学生一些学习建议，你会说
些什么？"这个问题。吴恩达说："思考今天该如何打发时
间时，你需要考虑两个问题，一是你所做的事情是否能改
变世界，二是你需要学习多少知识。"对第二点，吴恩达强
调："在你还年轻的时候，不要吝惜自己在教育方面的投
资。这里的'年轻'指的是那些小于 100 岁的人。学习的
过程能够帮助你决定工作的方向。当你看到他人改变世界
的先例，你也会知道自己该如何改变世界。"

030

终身学习者总是比
"无所不知者"更成功

微软 CEO 萨提亚·纳德拉喜欢引用斯坦福大学心理学家卡罗尔·德韦克的话，德韦克的一个理论是：多数人可被分为勤于学习者和无所不知者两种类型。勤于学习者总是在学习新的知识，是终身学习者；无所不知者则始终根据自己已经掌握的知识行动。纳德拉对《金融时报》说："即便终身学习者一开始可能具备较少天赋，但他们总是会比那些'无所不知者'更成功。""鉴于我们的成功，我们（微软）有时表现得像是无所不知者。对我而言，真正的顿悟之一是，拥有一种激发真正创新的学习文化非常重要。"纳德拉还说："在学校待到 21 岁，然后进入职场，在同一个行当做到 80 岁，那种观念不再适用了，因为在此期间科技变革的速度会非常快。"

031

最有价值的投资是对自己
和对朋友的投资

巴菲特认为最值得的投资是对自己和对朋友的投资。"有
两笔投资是我认为最值得的。首先是对自己的投资，任何
可以提高你能力的投资都是值得的。年轻时我不擅长公众
演讲，于是我报了一个戴尔·卡内基课程，提高自己的演
讲能力，这让我受用一生。另外就是对朋友的投资。一个
人交往的朋友会塑造他的人生，比如我的合伙人芒格。我
再举一个例子。1951 年我 21 岁，想投资保险公司，可那
时我对保险行业一无所知。我在哥伦比亚大学的老师本杰
明·格雷厄姆当时在政府员工保险公司（GEICO）任职董
事，所以我坐火车去华盛顿找他。可惜我忘记了那是周六，
他不上班。公司的一个高管为我开了门，把我介绍给洛里
默·戴维森，他当时是公司的副总裁。他知道我是格雷厄
姆的学生，于是跟我聊了四个小时，为我讲解了整个保险
行业，这改变了我的一生，他成为我一辈子的良师益友。"

了解一个事物，就要先建立一个框架

著名数学家丘成桐接受《环球科学》采访时说，要了解一个事物，就要先建立一个框架。他以《红楼梦》为例：全书有一百二十回，结构很严谨；为了有条有理地描写贾府的兴盛和衰落，每部分的安排都很讲究。"我们做数学、物理也一样，想要了解某一件事，需要先建立一个框架，然后再做里面小的零件，这是做大学问所需要的。怎么挑选好的问题，怎么建立框架来深刻地了解大自然，这一点跟作画、写作都有相似的地方。"

033

艺术家是天生的，但天生不是指天才

"艺术家是天生的，学者也是。天生的意思，不是指所谓天
才，而是指他非要做这件事情，什么也拦他不住，于是一
路做下来，成为他最想要成为的那种人。"画家陈丹青说。
显然，陈丹青这里对"天生"的解释，也适用于其他行业。

别老拿大人的意志去指导他

受到大画家父亲李苦禅的影响，李燕从小就喜欢画画，但是李苦禅对儿子学画画一直都不给什么建议，不管，也不指导。在《李燕聊李苦禅》里，李燕回忆："等我懂事之后，我父亲才讲，说孩子啊，天真，看什么都新鲜，画出来就有意思，别老拿大人的意志去指导他。他说现在好些个大人教孩子画画，挺小挺好的孩子，让他临齐老先生，齐白石老人，很小很小就临，还照着大人的画画，把孩子的天真给埋没了。他说在这个儿童时期，这一段，你就让孩子由着性子画去。有条件就给孩子准备好点儿的工具，没条件就准备差点儿的工具，你就让孩子画去。"李燕说，一直到自己10岁以后，童真渐渐没有了，父亲苦禅老人才说"可以开始受点儿基本功训练了"。"所以我实际上到了13岁才开始接受正规的训练。"

035

回归本质去思考

斯坦福大学人工智能实验室主任、曾担任百度首席科学家的吴恩达说："在 Coursera 我最骄傲的时刻是，当高层面临一些艰难抉择时，会有人站出来说'让我们回归本质去思考，搞清楚到底什么是对学习者最好的选择，然后先做那个'。我真的很欣赏这种回归本源的思考方式。有太多人陷入一件事不能自拔，只是因为他一直在做那件事或者其他人一直在做那件事。他们的结果可能看起来比较有效，但很可能算不上什么真正的成就。"2012 年，吴恩达和斯坦福大学同事共同建立了 Coursera，免费给学生提供一流的大学课程。

好的选择很多，但你要选定一个，
然后忠于这个选择，
让它成为最好的选择

谷歌第 20 号员工、第一位产品经理，后来做了雅虎 CEO 的玛丽莎·梅耶尔接受《彭博商业周刊》采访时说，对谷歌的报道都忽略了"努力工作的价值"。她说："真正的体验是：'你能在一周内工作 130 个小时吗?'（相当于一周七天，每天工作 18 个小时）如果你能有策略地规划睡觉、洗澡的时间和上厕所的频率，那么回答是肯定的。谷歌的休息室之所以存在，是因为凌晨 3 点回家不如留在办公室里安全。在刚工作的前五年，我至少每周要熬一次通宵，除非我在休假。休假假期也少得可怜，而且很长时间才能休一次。"2012 年 7 月受邀担任雅虎 CEO 时，梅耶尔已经怀孕，整个过程她只休了两个星期产假，在雅虎期间她又生了一对双胞胎姐妹，同样没怎么休产假。她的工作狂方式也为她带来了一些批评。梅耶尔说："社会总体对当妈妈这事太过苛刻。一些妈妈愿意工作，还有一些妈妈需要工作；一些妈妈喜欢待在家里，还有一些妈妈需要待在家里。

我得到的最好的建议之一是：好的选择很多，但你要选定一个，然后忠于这个选择，让它成为最好的选择。以我为例，并不是说我不喜欢休产假，但这是我的生活现实。我的孩子们很健康，我的公司需要我，而我找到了两全其美的方式。"

一个知道为什么活着的人，
可以忍受任何一种生活

专栏作家大卫·布鲁克斯经常会听到人说"现代人情感脆弱"，原因是父母对孩子百般呵护，帮助他们避开挫折和艰难，孩子无法学会如何处理纠纷或面对痛苦。布鲁克斯在《纽约时报》一篇文章中说，坚强和坚韧并非天生就有，它们常常在一个终极目标的感召下产生。"当我们不知道自己的目标在哪里，当我们还没有不顾一切地让自己投身于一个社会角色中，当我们没有对某个人许下承诺，当我们感觉像在一片无边无际的大海里游泳，我们就会变得脆弱。"相反，当一个人对某种事业产生一种情怀，当一个人对某人倾心，当一个人愿意去坚守某种世界观时，就会变得更坚强。"正如尼采所说：'一个知道为什么活着的人，可以忍受任何一种生活。'"

038

对能做好的事情全力以赴，
对知之甚少的事情绝不勉强尝试

《好莱坞报道》(*Hollywozod Reporter*) 问苹果公司高级副总裁艾迪·库伊：苹果会不会收购某个好莱坞工作室？如果不收购的话，原因是什么？库伊回答："苹果有一个优点：对于知道如何能做到很好的事情，我们会全力以赴；对知之甚少，或是没有很多相关专业知识的事情，我们绝不会勉强尝试。所以当讨论为什么不给 iTunes 买一家唱片公司这个问题时，我的反应是，我并不知道为什么我们应该买。我觉得目前和各个工作室合作的状态就很好。"

做只有我们能做到的事，
那是我们存在的意义

英伟达 CEO 黄仁勋接受台湾《商业周刊》采访时说，2008 年英伟达开发 Tegra 芯片时，以为自己可以对手机处理器有很独特的贡献。但世界变得很快，整个产业迅速从 3G 升级到 4G。在 3G 时代，还有很多玩家；但在 4G 时代就只有高通了，高通几乎统治了市场。黄仁勋只用了一天时间就决定退出智能手机市场。他问自己："高通如此强劲，我们还能持续对移动设备市场做出贡献吗？这个产业还需要我们吗？如果这个市场跟产业都已经发展得足够好了，那我们为什么还要浪费才能在别人已经做得足够好的事情上？"黄仁勋发了邮件给所有管理层人员："伙伴们，我们再也无法为这个产业做出独特贡献，这个产业已经不需要我们了，让我们退出吧。"他说，做出退出的决定无关策略，而关乎存在的意义。他问了四个关键的问题："什么样的工作是英伟达应该做的？我们应该做只能赚钱的事吗？我们应该做有一些市场占有率的事吗？（那是我们的

标准吗?）或者，我们该做只有我们能做到的事?"答案是：
"做只有我们能做到的事，那是我们存在的意义。"撤离手
机芯片市场后，英伟达没有放弃研发 Tegra 芯片，但是转
向移动游戏和汽车领域，并在 2016 年 9 月发布了一款专
为无人驾驶汽车设计的新一代人工智能超级计算机。

040

将目标设置为打破自己的极限，
而不是金牌

"你不能确保金牌是自己的，其他运动员很可能在比赛里超常发挥。如果将目标设置为打破自己的极限，游得越快越好，那么就能清楚自己的目标。这是你可以控制的部分……金牌是一种有形的回报，你能掌控的只有自己，你只有足够快才可以。"迈克尔·菲尔普斯的教练鲍勃·波曼说。在 2016 年年底退役之时，31 岁的迈克尔·菲尔普斯已经成为奥运会历史上获得最多金牌（23 枚）和最多个人项目金牌（13 枚）的运动员。鲍勃·波曼从菲尔普斯 11 岁开始就是他的教练，他给菲尔普斯制定的训练计划是：每天早上 5 点起床，每天训练两次，每周训练 6 ~ 7 天，每周游 8 万米。这计划从菲尔普斯 11 岁到 31 岁几乎都是如此。

041

你应该从事的工作是：
当你无需工作时，仍然想做的事

2016 年 11 月 18 日，86 岁的股神沃伦·巴菲特同来自美国八所大学的 20 名大学生进行了一场对话。有学生问巴菲特，在招聘时最看重的候选人特质是什么。巴菲特回答，最重要的是对工作充满激情。他讲了一个自己的故事："我在 23 岁时找工作，曾经被本·格雷厄姆（价值投资之父，巴菲特的老师）拒绝。几年后，我收到他的一封信：'下次你到纽约的时候，来我的办公室坐坐。'我第二天就过去了，并且从来没有问过工资的事情。你应该从事的工作是：当你无需工作时，仍然想做的事。"

042

从来不问怎么竞争,
相信自己可以做出更好的

1972 年出生的桑达尔·皮查伊从 2015 年 8 月开始成为谷歌 CEO。他在 2016 年 11 月 15 日接受《快公司》杂志采访时说,成为 CEO 后,他"一直忙着把公司重塑为更融洽、协作性更好的地方"。他说,自己在 2004 年 4 月刚加入谷歌担任产品经理时,"在谷歌,你随便走走,但凡有什么想法跟别人分享,周围人的反响都是积极的,他们会说'你还可以这么做,这么做还会更酷一些'"。皮查伊说,自己"每个月都有那种走进糖果店的小孩所有的兴奋时刻"。介绍皮查伊加入谷歌的尼克·福克斯说,从加入谷歌开始,皮查伊"接到的就总是最棘手的问题"。福克斯认为,真正奠定皮查伊职业生涯成功基础的,是皮查伊领导开发谷歌的 Chrome 浏览器。2006 年谷歌开始做浏览器时,微软 IE 浏览器的市场份额超过 80%,但现在 Chrome 成了全球使用最多的浏览器。福克斯说:"皮查伊从来不会问怎么跟 IE 浏览器竞争,而是说'我觉得我们可以做出更好的浏览器'。"

043

你是想显得合群，
还是选择拥抱孤独并追逐伟大

2016 年 11 月 1 日，NBA 巨星雷·阿伦发表长文，宣布告别球场。雷·阿伦是 NBA 历史上三分球纪录的保持者。这篇文章的题目是《写给年轻的自己的信》，信中他以 41 岁的退役巨星的身份，写给 13 岁刚刚崭露头角的年轻版雷·阿伦。"很多人不想看到你成功。不要理会这些年轻人。相信我，和他们纠缠什么也成就不了。相反，请记住他们说的话，记住他们怎么说这些话，记住他们的样子，并将这些声音存在脑海里，用作你每天起床的动力。那些夸赞你的声音呢？请把它们忘记。当你在高中时开始获得全国性关注的时候，会有人说你的跳投是'上帝赐予的'。听着：上帝才不在乎你的跳投进还是不进。上帝会给你很长的生命，但他才不会给你跳投的能力，那只有不断地努力训练才能做到。……为了实现你的梦想，你会成为一个与众不同的人，你会执着于自己的计划，这也会让你的家人和朋友牺牲很多。大多数夜晚，你不会出门，为此，你的朋友会感到不解。你也从来不喝酒，大家也总是以嘲弄的态度看待你。当你进入 NBA 后，你也不太会和队友一起玩牌，有些人会以为你不是一个好队友。你甚至为了事业不惜将家庭摆在第二位。大多数时候，你会感到孤独。这并不会让你成为最受欢迎的人，有些人干脆无法理解你，这个代价是不是有点大了？唯有你可以回答这个问题。'我到底想成为怎样的人？'明天当你走下那辆南卡罗来纳州的校园巴士，你将做出选择。余生的每一天里，你都将做出选择。你是想显得合群，还是选择拥抱孤独并且追逐伟大？"

044

你越关注周围人的眼光，
你内心就越会产生自卑和敏感

2016 年，新东方教育集团创始人俞敏洪说，在过去两年中，发生了两件让他印象深刻的事。第一件事是，"无数人告诉我移动互联网一定会把新东方颠覆掉，在中国新成立的几百家公司打的口号就是'一年之内颠覆新东方'"。新东方内部也有人认为，大多数的学习会通过终端来完成，不再需要到教室。甚至有人提出一个激进的方法：把新东方 800 多个教学中心全部关掉，两万个老师全部网上授课。但他认为，教育正确的方向，一定是线上和线下的结合。"大家可以回去查查，前两年媒体骂我落后、头脑不开窍的文章至少有百篇以上，但最后的结果证明我是对的。那些在线教育公司 90% 都已经倒闭了，而新东方年收入增长达到 30% 以上，营收超过 100 亿人民币。有的时候你不能只听概念，当跟着新的概念一哄而上的时候，我觉得这件事情就有问题了，就表明大部分其实是在跟风，并不是独立思考。"第二件事情是，当中国股市火爆时，很多人劝俞敏洪把新东方私有化，然后回到国内上市。当时新东方市值不到 40 亿美元，"要是回到国内，至少值 2000 亿人民币，所以公司几乎所有管理层（人员）都主张回来"。但俞敏洪仍然坚持不退市，他的理由是："首先，中国股市就是一个赌场，所有赌博都是很极端的，你要做好准备体验最高点和最低点的差距"；其次，如果未来要进入国际市场，最好留在美国。俞敏洪说："我们总是特别在乎周围人的看法，（但如果）我们所做的事情都不是出自内心的喜欢，而是为了得到别人的肯定，这种事情其实没有必要（做）。你越关注周围人的眼光，你内心就越会产生自卑和敏感，到最后你会越来越不敢做想做的事情。"

045

影响你走远路的，
往往是鞋子里的一颗小石头

蚂蚁金服董事长彭蕾说，构成组织能量的是心力、脑力和体力。脑力是团队的能力和天赋，体力是执行力。在这三者之中，她认为最容易做到的是脑力和体力，尤其是在初创时期。"越到后面，越会发现心力不支，心里在想：我为什么要去做，为什么要这么累？"彭蕾说，能够支撑心力的是"相信"。"说到底，作为一个创业者，你要去做这件事情的第一天，肯定是发自内心相信某一件事情。"有三种相信：一种是想要赚钱，或者做一个多大的事业，"这可能开始时让你走得快，但是没有办法（让你）走远"；第二种相信是创始人自己就喜欢自己正在做的事情，比如一个餐厅的老板就喜欢美食和美食中的创意；第三种是可以帮别人活得更好，基于利他的相信。彭蕾说，阿里巴巴当年的"让天下没有难做的生意"就是这种相信。蚂蚁金服今天的普惠金融也是这种相信。"有时候消耗心力的往往是一些很小的事情。影响你走远路的，往往是鞋子里的一颗小石头。"

一个聪明人经常会面对的风险是，"随便把一个难题放到他们面前，他们都要挑战一下"

畅销书《我教你致富》的作者拉米特·塞西说，聪明人经常掉入一个陷阱，"盲目追求摆在他们面前的一些目标"。"有一次我曾经在会议室里与五个人围绕一个很小众的功能激烈辩论了 30 分钟，突然我们都住口了，意识到我们在争论的东西其实并没有什么意义。"塞西说，一个聪明人经常会面对的风险是"随便把一个难题放到他们面前，他们都要挑战一下"。塞西给出的建议是，你可以跳出来看问题，休个假或者搞一个每周一次的"战略日"，这样有助于看清事物的本质，同时应该考虑两个问题："它值得我付出时间吗？它对我真的有价值吗？"

047

我们如何选择有意义的信息，
并把它的意义最大化，这个更加珍贵

接受《艺术云图》采访时，日本设计师原研哉说，现在的
时代是一个"游动时代"，一个"游玩"和"移动"的时
代，越来越多的人会在移动中选择自己的生活和工作状态。
至于他自己，他说："在整个业界、整个时代进程中，总有
很多走在前面的人，但这些赶路人总会遗落一些东西。我
一直把自己定位为一个拾起别人遗落之物的人。那些遗落
之物中有很多珍贵的东西，在不停拾起的这个过程中，不
知不觉间反倒成为了某个领域走到最前面的人。实际上我
并没有要求自己必须走在时代的前端。"他说，人类"是一
种处在焦躁、焦灼状态下的生物"。"也许有时我们会认为
信息越多越好，但其实并非如此。我们如何选择有意义的
信息，并把它的意义最大化，这个更加珍贵。"

追随你的内心，也要听从你的头脑

优步的 CEO 特拉维斯·卡兰尼克在写给优步中国团队的邮件中解释自己（与滴滴合并）的决定："作为一名企业家，我明白要想成功，不仅要追随你的内心，也要听从你的头脑。唯有做到盈利，才能可持续地为中国的城市和生活在城市中的乘客与司机服务。这次合并之后，优步中国和滴滴可以一起为一个更大的使命工作。它会解放出很多资源来做更大胆的事情。这些事情将聚焦在城市的未来上，从自动驾驶到未来的食物和供应链。"

049

创造力等于知识乘以好奇心和想象力

清华大学经管学院院长钱颖一在亚布力中国企业家论坛上说，中国要成为创新型国家，并不缺乏热情和资金，最缺乏的是具有创造力的人才。这同中国的教育有关，"我们对教育的认识，过于局限在'知识'上，教师传授知识，学生获取知识，好像就是教育的全部内容"。但是，创造力需要的不仅仅是知识。钱颖一提出一个假设：创造性等于知识乘以好奇心和想象力。按照这个公式，随着受教育时间的增加，知识可能越来越多，但好奇心和想象力却会受到削弱，尤其是在现在的应试教育制度下，"教育越投入，教师和学生越努力，好奇心和想象力被扼杀得越系统、彻底，好奇心和想象力的减少程度越大"。英文有一个词叫"mindset"，可以翻译成思维模式、心智模式或者心态。钱颖一说，好奇心和想象力也是思维模式的一种。所以，这个假说可以变成创造力等于知识乘以心智模式。

"'mindset'这个词很重要，它不仅是一种能力，更是一种价值取向。创造性心态是一种永不满足于现状，总想与众不同的渴望。"钱颖一说。

050

不畏质疑、拒绝泡沫、面对现实

彼得·蒂尔是硅谷科技大亨中少有的支持特朗普的人。在总统大选之后的演讲中，彼得·蒂尔说："我们的精英长期以来都习惯于否认现实的困境，这就是泡沫的来源。一旦出现困难而人们想要去走捷径，他们就会否认现实，泡沫就产生了……自由贸易的泡沫是：每个人都是赢家。战争的泡沫是：胜利就在眼前。但这些过于乐观的故事从未实现过。投票给特朗普的人已厌倦了谎言。"

051

列一个属于你的失败清单

人工智能专家、百度前首席科学家吴恩达对《南方人物周刊》说，他有一个失败清单，把过去十几年自己经历过的失败项目，和仅凭运气取得成功的项目都列了进去，清单里有将近三十个项目。"有些方向比较好成功，有些方向用今天的技术来做还是非常难。我要想清楚，哪种项目是一两年就可以做到的，哪种五年才做得到，哪种可能需要二十年。"

052

保持正常睡眠，同时聚焦你的注意力

《赫芬顿邮报》是当下美国最有影响力的媒体之一。2011年5月，它的月访问量超过百年大报《纽约时报》，这在当时是新媒体崛起的一个标志性事件。在一所大学的毕业典礼演讲上，《赫芬顿邮报》联合创始人阿里安娜·赫芬顿挑战了人们的两个俗见：成功者必须忙碌，以及移动互联网时代必须随时在线。她说，完整的睡眠一般需要 7 ~ 9 个小时，除非你有某种基因突变——概率是 1%，正常睡眠有助于提高能力。斯坦福大学一个研究员做了一项针对篮球队队员的睡眠研究，让队员们将睡眠时间增加到每天 8 个半小时，持续 5 周之后，这些队员的罚球命中率上升了 9%，三分球命中率上升了 9.2%。对专业运动员而言，这些进步非常惊人。关于是否要随时在线，她说："谁能学会独处，能确保注意力不被无穷无尽的数字信息瓜分殆尽，谁就能主宰世界。"

053

其实，人类的快乐来自
在工作中获取的成就感

诺贝尔经济学奖得主埃德蒙·费尔普斯说："正确的经济模式是可以为人们提供美好生活的良好经济。"但费尔普斯所说的"美好生活"，并不是指可以享受消费、休闲和娱乐的生活。他引用另一位诺贝尔经济学奖得主阿玛蒂亚·森的话说，这些对美好生活的描述忽略了人们"做事情"的需要。而且，"相比毫无自主权利的工作安排，人们希望得到更多"，"人们希望生活是有意义的，工作是有魅力的"。人们想要展示自己的才能，希望通过自己的努力获得成就，喜欢克服不确定性带来的挑战。埃德蒙·费尔普斯说，这是他所理解的美好生活。其实，人类的快乐来自在工作中获取的成就感。著名心理学家米哈里·希斯赞特米哈伊将专注于某项活动（包括工作）时所表现的心理状态称为"心流"。

054

额外福利是不错，
但工作有意义更重要

人才市场竞争激烈，初创公司想招到并留住优秀技术人才非常难。除了工资和股权激励，它们往往还为员工提供各种福利。奈飞前首席人才官帕蒂·麦科德在《哈佛商业评论》上撰文说，有些公司提供福利的初衷很好，但在结果上走得太远。比如，睡午觉可以提高工作效率，但有家创业公司没有私密午睡室，只是在办公室装了几张吊床。"来访者一进门就看见你的员工在上班时睡觉——这是你想要传递的信息？"有的创业公司甚至请来调酒师，每天提供午后鸡尾酒。麦科德说，一旦经济下行，创业公司提供的员工福利也会跟着收紧，"那时能活下来的，绝不是员工躺在吊床上喝酒的创业公司；我也不会选择那样的公司开始职场生涯。归根结底，人们希望有机会和优秀的同事一起创造伟大的产品。额外福利是不错，但工作有意义更重要"。

想法比资源重要

经济学家周其仁在联想之星的活动上发表演讲,提到要向以色列和美国学习。他说,以色列人的教育是讨论式和提问式的,鼓励学生挑战和提问。孩子每天放学回来,犹太妈妈不会问教了什么、学了什么,更不会问考试成绩怎么样,而是问:"今天你问了问题吗?问了什么有意思的问题吗?"以色列第一位获得科学类诺贝尔奖的科学家阿龙·切哈诺沃教授说,从小妈妈就教育说,一条河可以顺水走,也可以逆水走,但是"你要永远逆水走"。犹太教经典《塔木德》里也有一句话:"天下难做的事容易做成。"这让周其仁感慨:"从竞争理论看,这个哲理是一流的。"美国值得我们学习的地方则是"想问题百无禁忌",典型的例子是伊隆·马斯克。周其仁总结说:"想法比资源重要。"

056

只往人少的地方去

执一资本创始合伙人李牧晴在"投资人说"举办的活动上说:"我的投资准则,就是只往人少的地方去。因为人多的地方将有更大的概率被挤死,随大流只会让你往平均值靠近,取得中等的成绩。反向思考是一个永恒的策略,正如查理·芒格所言:'反过来想,总是反过来想。'"另外,李牧晴建议创业者不要自己判别市场地位或产品好坏,更客观的做法是将评价交给市场,要记住自己是最容易被自己愚弄的人。李牧晴曾任鼎晖创投副总裁,参与投资链家、我爱我家等公司。

过去的成功不一定会增加
未来胜利的机会

波兰社会学家齐格蒙特·鲍曼在其所著的《流动的时代》
里谈到时代的不确定性和个人在其中的脆弱："生活中即将
走出的每一步都必须是对不同的机遇、不同的成败概率做
出的反应，这就要求个体掌握一套不同的技能，或者对其
生命资产进行不同的安置。过去的成功不一定会增加未来
胜利的机会，遑论保证未来的成功；同时，过去被证明行
之有效的行为方式必须不断被重新审视和修正，因为在环
境改变的情况下，它们可能毫无用处，甚至还可能起反作
用。比起牢记过去的行为、并根据从前所学建立的基础来
制定人生策略，迅速并彻底忘记过时的信息和老掉牙的习
惯对未来的成功更为重要。"齐格蒙特·鲍曼于 2017 年 1
月 9 日在家中去世，享年 91 岁。

058

在某个领域深耕细作了很多年的人，很难在里面找到颠覆性的机会

早期风险投资机构 First Round Capital 的创始合伙人乔希·科普曼说，在相关行业里有过工作经验，有时会成为创业者的一个障碍。"那些在某个领域已经深耕细作了很多年的人，很难在里面找到颠覆性的机会。亚马逊的创始人没有图书行业的从业经验，爱彼迎的创始人没有做过酒店相关行业的工作，优步的创始人也不是出租车司机。"科普曼曾投资过职场社交平台领英和网络贷款平台 OnDeck Capital。

059

假装你是一个正在回顾人生的
80 岁老人

美国歌手泰勒·斯威夫特说，她在青少年时期得到的最佳建议是"考虑你的行为"。她说，假如你是一个正在回顾自己人生的 80 岁老人，你会知道，如果爸爸在早上 8 点叫醒你让你去吃早餐，十几岁的你会说"不，我要睡觉"，但等你到 80 岁回顾这一幕时"你会想和爸爸吃早餐"。她说："我要考虑的，就是像这样的小决定。"

060

我们无法决定出生在何处，
但可以决定死在何处、以何种方式死

马云在马来西亚环球转型论坛上的演讲中说："我们无法
选择出生在怎样的家庭。如果你碰巧出生在比尔·盖茨的
家族中，你很幸运。但不可能。我们无法决定出生在何
处，但我们可以决定我们死在何处、以何种方式死亡。如
果你想死在监狱里，很简单。如果你想去世时有很多朋友，
你必须交到很多朋友，你必须改变你的性格、你的价值
观，所有这些事情。生活不是工作；生活是你来到这个世
界，在这里的一段旅程。我相信我们来到这个世界是来度
假的。"

多数人临终前的五大遗憾

多年从事临终病人护理工作的布罗妮·瓦伊陪伴许多病人度过他们人生最后的 3 ~ 12 个礼拜。她发现，当那些临终者被问到有什么遗憾的时候，回答几乎都是相同的。最常见的遗憾有五种。一是"真希望我有勇气过一种我真正想要的生活，而不是别人期望我过的生活"。"大多数人连半数的梦想都无法实现，等知道这都是由于自己的选择所致时，已经离死亡不远了……很少有人认识到，健康带来的是一种自由。等他们意识到这点时，他们再也不拥有健康了。"二是"真希望我没有花那么多精力在工作上"。这是瓦伊护理过的所有男性病人的一个遗憾，他们错过了孩子的青春期，没有很好地陪伴伴侣。"简化生活方式，不断地、有意识地做出选择，就有可能不需要你认为'需要'的那种收入。"三是"真希望我有勇气表达自己的感受"。很多人为了与人和睦相处压抑自己的感受，结果"满足于平庸的生存，永远无法成为他们有能力做到的真实自我"。

"说真话、改变原来的处世方式，会改进你和他人的关系，排除掉不健康的人际关系。"四是"真希望我一直保持和朋友们的联系"。临终者通常在临终前数周才真正认识到老朋友的好处。"很多人过于陷入自己的生活，没有给予友谊应有的时间和精力……当你面对着即将到来的死亡，金钱和地位并不是真正重要的了。到头来，一切都回到了爱和人际关系上来了。"五是"真希望我能让自己过得更开心"。很多人受阻于旧模式和旧习惯，临死才意识到开心是一种选择。"他们的情绪和物质生活中充满了所谓的'舒适'。害怕改变让他们装作对现状很满意的样子，但内心深处他们其实渴望着再次放声大笑，再次犯傻。"

062

如果犯错后感到痛苦，
记住要进行反思

桥水联合基金创始人雷·达里奥身家 156 亿美元，他管理的桥水联合基金管理着大约 1500 亿美元的资金，连续六年成为全世界最大的对冲基金。他有超过 200 条的雷·达里奥法则，其中有一条说，如果犯错后感到痛苦，要冷静思考造成这种痛苦的心理原因，然后向客观、可信的他人求证，最终找到真相。达里奥认为这些是成长的痛苦，是可以从中受益的痛苦，不要试图匆忙结束它，而应该沉浸其中，深入探索。因为：第一，改变自己深层次的有害行为是非常困难的，但这是取得进步的必由之路；第二，要想成功，就要认识到有害行为和它带来的痛苦之间的联系。达里奥说："拥抱失败是通向真正进步的第一步，这也是为什么在整个社会迭代的进程中，有一个相同的真理，即要先坦白，才能获得宽恕。如此往复，你就能学会提升自我，并从中获得快乐。"

063

不需要跟自己个性相同的人共事

日本经营四圣之一、本田汽车创始人本田宗一郎在自传《奔驰的梦想，我的梦想》中说："我始终认为不需要跟自己个性相同的人共事。如果对方跟自己个性一样，就不需要两个人，我自己一个人就够了。一个人如果不能同跟自己个性不同的人相处的话，就没有什么价值。"本田宗一郎举本田自己的例子说，提起本田，大家常说"技术的本田、销售的藤泽"。本田宗一郎与副社长藤泽武夫无论在个性还是特长上都存在巨大的差异：本田宗一郎身材不高，走路急促，藤泽武夫身材高大，走路很慢；本田宗一郎擅长技术，不擅长管理，藤泽武夫擅长经营，不擅长技术。经济学家周其仁也说过，提升认知的一个方法是鼓励争论，但是人往往并不喜欢别人挑战自己。这就会导致组织内部很多人都很像，而且互相模仿，无论在行为还是思维方式上。

别太把上课当回事，重要的是旅行，与人接触、交谈，到处去看

清华大学经济管理学院教授宁向东分享了这样一个故事：有个老朋友家里有个读大学的孩子，要到国外做半年的交换生，全家人去问他的意见。宁向东对这个孩子说："如果我对大学的认识没有大错误，名校给本科生上的课程，水平都差不多。好不会好到哪里去，差也差不到哪里去。就像麦当劳和肯德基，全世界的店都差不多。所以，找个好学校，选两门课意思意思，有个学生身份，是个'有组织'的人，就行了。"他还特意跟人家强调："别太把上课当回事，重要的是旅行，与人接触、交谈，到处去看。"如果不知道去哪里旅行以及看些什么，那就以博物馆和美术馆为线索。他还给了一个"四不要"原则：不要想着省钱，多请同学吃饭；不要怕逃课；不要老想着自己的专业也就是管理专业；不要太功利，老想着什么有用、什么没用。建筑大师安藤忠雄给年轻大学生的建议同样是：出门旅行。

065

不要预定任何日程

硅谷顶尖风投公司安德森·霍洛维茨的创始合伙人马克·安德森很多年前写过一篇文章，提到自己是如何提升效率的。其中第一条是"不要预定任何日程"，"不在未来的任何日期或时间，约定任何会议、日程及活动"，"可以永远在当下这个时刻做最重要或最感兴趣的事"。如果有人要约你，而且这件事情很重要，那就现在做。他的其他方法包括：列出尽量简单的任务列表，一天只处理两次电子邮件，工作时戴上耳机。

我会反对一些观念和想法，
但是我不与人作对

自 1980 年开始就居住在巴黎的叙利亚诗人阿多尼斯在接受腾讯文化的采访时说："自由就好像空气，没有它，我们就无法呼吸。诗人的语言里流露出的就是自由。自由当然是有限制的，哪怕是在巴黎。不过这里仍然是一处能让我生活得很好的地方。在这里，我没有敌人，所有人都是我的朋友，哪怕我的'敌人'也是我的朋友，我爱所有的人。我的敌人是'思想'，我的战争是'思想'的战争，我会反对一些观念和想法，但是我不与人作对。"阿多尼斯是当前在世的最著名的诗人之一。2016 年曾有过假新闻说阿多尼斯是当年的诺贝尔文学奖获得者。

067

最好的决策者，是那些知道什么时候不能相信自己的人

罗伊·鲍迈斯特是世界上论文被引用率最高的心理学家之一。他说："人类不擅长持续做出正确的选择，因为他们总是面临各种选择，而做选择时的状态是有起伏的。"根据他的研究，意志力是一种有限的资源，会在一天周期内逐渐枯竭。自控力强的人会妥善安排生活，保存意志力。他们会养成一些良好习惯，来消除因做决定而产生的心理负担。他们不会在早上才决定是否要去锻炼，而会跟朋友约好定期运动。他们不指望靠意志力支撑自己一整天精力充沛，而会保存意志力，以备不时之需。他们并不总是相信自己，而是相信习惯。鲍迈斯特说："最好的决策者，正是那些知道什么时候不能相信自己的人。"

人们考虑一件事情的时间
和事情的重要性成反比

《金融时报》专栏作家露西·凯拉韦引用帕金森鸡毛蒜皮定律（Parkinson's law of triviality）来说明为什么公司员工会关心免费零食胜过公司盈利状况。这条定律由政治学者西里尔·诺斯古德·帕金森在 1957 年提出。它指出，人们考虑一件事情的时间和事情的重要性成反比。比如，"一个委员会只用 3 分钟就批准了核反应堆的建造，接着却花了 45 分钟讨论自行车棚"。帕金森说："我们总对小事纠缠不休是因为我们懂这些小事，而我们回避复杂问题是因为我们对这些问题摸不着头脑，同时又怕出丑而不敢发问。"但凯拉韦认为，员工特别关心公司新买的零食自动售货机这事儿一点也不傻，甚至从三个方面来看还挺聪明：它决定了员工可以吃什么零食；公司还有钱买这种东西，说明公司离破产还很远；公司管理还不错，因为会考虑员工的福利。

069

顺境时要多讲"we"，
逆境时要多讲"I"

姚明在汕头大学毕业典礼演讲中提到，他以前一直习惯在接受采访时说"我们全队都很努力……我们没有执行好教练的意图……我们需要做得更好……"，直到一次 NBA 比赛的大败后，他突然觉得不能再讲"我们"了。相反，他说："我今天打得不好，我需要从明天开始努力表现得更好。""在每一个'I'只是将'we'作为挡箭牌的时候，这个'we'代表的将是'weak'（软弱）。只有当组成'我们'的每一个'我'愿意承担责任的时候，这个团队才是强大的。"

如果能操纵人性中最核心的部分，
就可以卖出任何商品

公关与广告大师爱德华·伯奈斯说："如果我们懂得群体的思想原理和行为动机，是否就可以在大众不知情的情况下，操纵大众的心理和行为来达到我们想要的目的？"他通过两种方式来对公众进行"意见操纵"。第一，如果能操纵人性中最核心的部分，比如对美好、权力、性的需求，就可以卖出任何商品；第二，如果能影响到意见领袖，无论他是否有意合作，自然就影响到了被意见领袖影响到的人群。

图书在版编目（CIP）数据

趋势：商业巨变时代的300条建议 / 李翔著. -- 长
沙：湖南人民出版社，2018.7
ISBN 978-7-5561-1923-3

Ⅰ.①趋… Ⅱ.①李… Ⅲ.①商业经营－经验 Ⅳ.①F715

中国版本图书馆CIP数据核字(2018)第018388号

趋势：商业巨变时代的300条建议
QUSHI：SHANGYE JUBIAN SHIDAI DE SANBAI TIAO JIANYI

李翔　著

出 品 人	陈 垦	
出 品 方	中南出版传媒集团股份有限公司	
	上海浦睿文化传播有限公司	
	上海市巨鹿路417号705室（200020）	
责任编辑	曾诗玉	
装帧设计	许晋维	
责任印制	王 磊	
出版发行	湖南人民出版社	
	长沙市营盘东路3号（410005）	
网 址	www.hnppp.com	
经 销	湖南省新华书店	
印 刷	河北鹏润印刷有限公司	
版 次	2018年7月第1版	
印 次	2020年1月第7次印刷	
开 本	787mm×1092mm 1/32	
印 张	11	
字 数	100千字	
书 号	ISBN 978-7-5561-1923-3	
定 价	52.00元	

（ 如有印装质量问题，请与本社出版科联系。 联系电话：020-84981812 ）

PR 浦睿文化
INSIGHT MEDIA

出 品 人　陈　垦
策 划 人　蔡　蕾
监　制　余　西
出版统筹　戴　涛
编　辑　郭大泽
装帧设计　许晋维

浦睿文化 Insight Media
投稿邮箱:insightbook@126.com
新浪微博 @浦睿文化